判例をよむ個別労働関係訴訟の実務

―賃金, 時間外手当, 解雇予告手当請求を中心として―

立川簡易裁判所判事　岡﨑昌吾著

司 法 協 会

は　し　が　き

　　近年，中小企業のみならず大企業においても長時間労働による過労死や過労自殺による労災認定が話題になっている。また，企業全般に非正規社員の占める割合が増加するに伴い（平成29年で約37.3％），賃金未払や，いわゆるブラック企業によるサービス残業の増加，解雇予告のない即時解雇による解雇予告手当請求等，全国の簡易裁判所（以下「簡裁」という。）に提訴される個別労働関係訴訟（以下「個別労働関係訴訟」という。）の事件数が，都市部において増加傾向にある。

　　そこで，本書では，簡裁個別労働関係訴訟で圧倒的に多い未払賃金，時間外手当，解雇予告手当請求等の裁判例を中心に取りあげた（ただし，当事者及び訴訟代理人の氏名の表示については省略している。）。

　　他方，平成18年4月から地方裁判所本庁で労働審判制度がスタートし，近年その事件数も急増し，高水準で推移しており，紛争当事者に好評を得ているものの，その労働審判を仰ぐまでもない地方裁判所本庁管内での個別労働関係訴訟の金銭請求事件について，簡裁が受け皿となり，簡裁の事件数が増加しているものと思われる。平成16年4月1日から簡易裁判所の事物管轄が140万円以下に，少額訴訟の訴額の上限が60万円以下に拡大されてから14年が経過した今日，簡裁民事事件が多様化，複雑化してきているものと思われ，本書のテーマである簡裁個別労働関係訴訟も例外ではないが，同訴訟の特色として，双方とも本人訴訟（原告が被雇用者本人，被告が雇用者である個人企業又は中小零細企業）が多く，かつ，少額訴訟（60万円以下）が多いのも，大きな特徴となっている。

　　簡裁個別労働関係訴訟の裁判例は，地裁の重厚な労働関係訴訟と異なり，公刊の判例集や，裁判所のウェブサイト下級にアップされるものが極めて少ない。

　　そこで，本書では，簡裁の個別労働関係訴訟で大多数を占める未払賃金，時間外手当，解雇予告手当等の要件等について特化し，基本的事項について詳細に論述し，簡裁の裁判例紹介に関しては，最高裁ホームページ下級掲載裁判例を中心に，筆者の経験した各種簡裁個別労働関係訴訟の判決を中心に掲載した。

　　本書の目的が，事件の結末の是非ではなく，また公刊物の労働裁判例集等に掲載される地裁の個別労働関係訴訟判決のような重厚なものではなく，国民が普段あまり目に触れることのない簡裁での個別労働関係訴訟の判断を読者に提示することに主眼をおいていることをご了承いただきたい。なお，第4章では，平成30年7月6日に公布された働き方改革法8つのうち，改正労働基準法の改正事項を紹介し，併せて同年6月1日の2つの最高裁裁判例の概要を紹介した。

　　本書が，簡易裁判所の訴訟事件や民事調停事件を取り扱う裁判官はもとより，司

法委員，民事調停委員等の裁判所関係者，当事者の代理人となる弁護士及び今後市民に身近な街の法律家としてますます活躍が期待される認定司法書士，社会保険労務士，労働基準監督署の職員，厚生労働省機関の都道府県労働局の職員の方々，本人訴訟や本人調停申立てを志す方々にも利用され，簡裁個別労働関係訴訟の事務処理にいささかなりとも役立つことができれば幸いである。

　本書を刊行するにあたっては，本書を推敲する段階で佐薙拓三元東京簡裁司法委員（東京労働局OB）から，貴重な資料を多数提供していただいた。厚く御礼申し上げる。

　なお，本書での執務上の取扱いに関する意見および裁判例の評価にわたる部分は，すべて筆者の個人的なものであることをお断りしておく。

　　平成31年1月

　　　　　　　　　　　　　　　　　　　　　岡　﨑　昌　吾

目　　　次

第1章　簡裁民事事件の特質 ……………………………………………………… 1

第1　簡裁民事訴訟における2種の事件類型 ………………………………… 1

　　1　消費者信用関係事件（いわゆる業者事件）と市民紛争型事件 ………… 1

　　2　市民紛争としての個別労働関係訴訟事件の増加 ……………………… 1

　　3　簡裁労働関係訴訟の審理の特徴 ………………………………………… 2

第2　簡裁の民事通常事件手続に関する特則

　　―手続の簡略化と国民の司法参加としての民間人の関与― ……………… 2

　　1　訴訟進行に関する特則 …………………………………………………… 2

　　⑴　非弁護士の代理人許可制度

　　⑵　期待される認定司法書士の訴訟代理制度

　　⑶　簡裁民事における弁論

　　⑷　続行期日における準備書面の陳述擬制

　　⑸　証拠調べの方式

　　　ア　証拠申請書

　　　イ　書証の写しの提出（民訴規 137 条）

　　　ウ　書面尋問（民訴法 278 条）

　　　エ　証人又は検証調書等の調書省略の代替手段としての録音テープの
　　　　　記録（民訴規 170 条）

　　　オ　民間人の社会良識の導入―司法委員（民訴法 279 条，民訴規 172
　　　　　条）

　　　カ　司法委員の活用

　　　　㋐　事案に即した適切な司法委員の活用

　　　　㋑　司法委員の関与段階と段階ごとの役割

　　　　　a　第1回口頭弁論期日及び争点整理の段階

　　　　　b　人証証拠調べの段階

　　　キ　集中証拠調べ（民訴法 182 条）

　　2　訴訟終了における特則 …………………………………………………… 7

　　⑴　簡裁民事の判決書の簡易記載（民訴法 280 条）

　　⑵　調書判決

　　　【書式1】調書判決

第3　労働契約における基本用語と原則についての基礎知識 ……………… 9

　　1　労働契約（雇用契約）…………………………………………………… 9

(1)

2　労働時間に関する基本用語 ……………………………………………………… 9

　　（1）法定労働時間，所定労働時間，労働日数

　　（2）始業時刻，終業時刻

　　（3）所定就業時間，所定労働時間

　　（4）休憩時間，拘束時間，実労働時間，手待時間

　　（5）休日，法定休日，法定外休日

　　（6）時間外労働，休日労働

　　（7）法定時間外労働，法内（所定）時間外労働

　　（8）法定休日労働，法定外休日における労働

　　3　労働時間に関する基本原則 ……………………………………………………… 12

　　（1）期間に関する原則（1箇月，1週，1日）

　　（2）労働時間の原則（1週40時間（労基法32条1項），1日8時間（労基法32条2項））

　　（3）休憩時間の原則

　　（4）休日の原則

　　（5）割増賃金（時間外手当）の支払義務

　　（6）割増賃金の割増率

　　4　労働条件の明示 ……………………………………………………………………… 14

　　明示しなければならない労働条件

　　　　（1）必ず明示しなければならない事項

　　　　（2）定めをした場合に明示しなければならない事項

　　5　労働条件の不利益変更（労契法9条）………………………………………… 15

　　（1）労働条件の不利益変更の具体例

　　（2）不利益変更が許される場合

　　（3）各労働者から同意が得られない場合の不利益変更の実施

　　（4）最高裁判決で示された客観的合理性の判断項目

　　6　賃金全額払いの原則 ……………………………………………………………… 17

　　7　前借金と賃金との相殺の禁止 ………………………………………………… 17

　　8　賃金と損害賠償請求権との相殺禁止 ………………………………………… 17

第4　訴状の受理 ………………………………………………………………………… 17

　　1　訴状の記載事項 …………………………………………………………………… 17

　　2　訴訟物 ………………………………………………………………………………… 18

　　3　定型訴状の活用 …………………………………………………………………… 18

　　4　定型訴状記載例 …………………………………………………………………… 18

【書式2】賃金支払請求事件

【書式3】解雇予告手当請求事件

【書式4】時間外手当，解雇予告手当，付加金請求事件

第5 労働関係請求事件の訴状の審査 ……………………………………… 21

1 賃金請求事件，時間外手当請求事件の訴状審査の内容 ……………… 21

⑴ 審査すべき点

ア 必要的記載事項（民訴法133条2項）

イ 時間外・休日・深夜労働の割増賃金の原則

㈠ 労基法の割増賃金規定

㈡ 法内時間外労働や法定外休日労働

a 賃金請求の場合

b 割増賃金請求の場合

c 時間外・休日労働の割増率

d 時間外・休日労働の割増賃金の計算方法（施行規則19条）

ウ 審査項目

⑵ 遅延損害金

⑶ 消滅時効

⑷ 基本的な書証の提出

⑸ 基本的な事実関係の早期把握の必要性

⑹ 訴状の受付（管轄）

ア 被告（相手方）の普通裁判籍（民訴法4条1項），法人の場合
（同法4条4項）

イ 義務履行地（民訴法5条1号）

ウ 被告の事務所又は営業所（民訴法5条5号）

2 応訴，期日前準備に関する留意事項 ……………………………… 25

第2章 簡裁の個別労働関係訴訟の主な争点 ………………………………… 26

第1 雇用契約（労働者）または請負契約か ………………………………… 26

第2 労働者性を争った最高裁裁判例 ………………………………………… 26

〔裁判例1〕労働者と認めた最高裁裁判例 ……………………………… 26

〔裁判例2〕労働者と認めなかった最高裁裁判例 ……………………… 29

第3 個人と請負契約や業務委託契約を締結して作業に従事した場合 ……… 31

〔裁判例3〕労働者性を認めた簡裁裁判例⑴ …………………………… 32

〔裁判例4〕労働者性を認めた簡裁裁判例⑵ …………………………… 34

(3)

〔裁判例 5〕労働者性を認めた簡裁裁判例(3) ················· 39

〔裁判例 6〕1日の勤務時間内の欠勤でも，実働分の時間単位の賃金支払
　　　　　　　義務を認めた簡裁裁判例 ················· 45

第4　時間外手当請求事件の典型的な争点 ················· 47

　労基法37条が適用される場合の割増賃金の額（請求原因）················· 47

　1　基本的な概念 ················· 47

　2　労働時間の範囲（請求原因）················· 48

　　(1)　労働時間の始期と終期

　　(2)　タイムレコーダーが設置されていない職場での労働時間数の算定

　〔裁判例 7〕マンションの住込み管理員（夫婦）の不活動時間を労働時間
　　　　　　　として認めた最高裁裁判例 ················· 49

　〔裁判例 8〕年俸制と時間外労働等に対する割増賃金の成否についての最
　　　　　　　高裁裁判例 ················· 58

第5　労働賃金等請求事件の裁判例 ················· 59

　〔裁判例 9〕労働基準法施行規則25条に準じて計算した簡裁裁判例 ······· 59

　労働時間の範囲（手待時間）

　〔裁判例10〕いわゆる「荷待（手待）時間」は労働時間であると判断した
　　　　　　　簡裁裁判例 ················· 65

第6　労働時間等に関する規定の適用除外事由 ················· 73

　1　労働時間等に関する規定の適用除外の主張 ················· 73

　　(1)　管理監督者であることの抗弁

　　(2)　定額支給の抗弁

　　(3)　年俸制の抗弁

　　(4)　みなし労働時間の抗弁

　〔裁判例11〕管理監督者の要件を明示した東京高裁裁判例 ··················· 76

　〔裁判例12〕「管理監督者」であると判断された簡裁裁判例 ··················· 76

　2　管理監督者の判断基準 ················· 80

　〔裁判例13〕タクシー運転手へのオール歩合給が，割増賃金を含まないと
　　　　　　　された最高裁裁判例 ················· 81

　〔裁判例14〕使用者の意図的な賃金不払いは，刑事・民事上も法規に反し
　　　　　　　強い違法性を認め，賃金の他，精神的慰謝料の支払いを認め
　　　　　　　た簡裁裁判例 ················· 84

(4)

第3章　解雇予告手当金および労働基準法114条の付加金支払請求事件 ………… 90

　第1　解雇予告手当請求事件 …………………………………………………… 90

　　1　解雇予告手当 ………………………………………………………………… 90

　　2　解雇予告手当の計算方法 ………………………………………………… 90

　　3　平均賃金 ……………………………………………………………………… 90

　　4　解雇予告手当の支払時期 ………………………………………………… 91

　　5　解雇予告除外認定基準 ……………………………………………………… 91

　　6　解雇予告除外が認められない場合 ……………………………………… 91

　　7　解雇制限期間 ………………………………………………………………… 91

　第2　付加金支払請求事件 ……………………………………………………… 92

　　1　付加金の意義・性質等 ……………………………………………………… 92

　　2　請求額 ………………………………………………………………………… 92

　　3　遅延損害金 …………………………………………………………………… 92

　　4　仮執行宣言 …………………………………………………………………… 92

　　5　訴額への算入 ………………………………………………………………… 93

　　6　裁判所が支払を命じるべき額 …………………………………………… 93

　　7　最高裁裁判例等 ……………………………………………………………… 93

　　8　付加金支払義務について判断した最高裁裁判例 …………………… 94

　　〔裁判例15〕賃金の一部は認めたが，解雇予告手当と不法行為は認めな
　　　　　　　　かった簡裁裁判例 ……………………………………………… 95

　　〔裁判例16〕依頼退職予定日前に使用者の都合で即時解雇と認めた簡裁
　　　　　　　　判例 …………………………………………………………… 100

　　9　労働時間の範囲（請求原因）……………………………………………… 102

　　〔裁判例17〕仮眠時間が労働時間に当たるとされた最高裁裁判例 ……… 102

　　〔裁判例18〕解雇予告手当金の請求が認められなかった簡裁裁判例 …… 112

　　〔裁判例19〕解雇予告手当金等の請求が認められなかった簡裁裁判例 … 116

　　〔裁判例20〕解雇予告手当金の請求は認められたが，休業手当金の請求は
　　　　　　　　認められなかった簡裁裁判例 ……………………………… 117

　第3　判決で賃金額から社会保険料及び源泉徴収税額を控除する必要性の有無
　　　　 ………………………………………………………………………………… 121

　第4　雇用契約に付随する損害賠償請求事件 ……………………………… 121

　　1　使用者からの労働者に対する損害賠償請求（責任制限法理）……… 121

　　2　労働債務は，特定の結果を実現する結果債務ではなく，手段債務であ
　　　るとした簡裁裁判例 ………………………………………………………… 122

(5)

〔裁判例21〕労働債務は手段債務であるとして使用者の損害賠償請求が認められなかった簡裁裁判例 ……………………………………… 122

〔裁判例22〕休業損害等，請求の一部が認められた簡裁裁判例 ………… 133

第4章　働き方改革関連法の成立と最高裁裁判例 ……………………… 138
第1　働き方改革関連法の成立 …………………………………………… 138
　1　働き方改革関連法（改正労基法関係）………………………… 138
　(1)　36（サブロク）協定で定める時間外労働の原則的な延長時間の限度
　　　（限度時間）の法定化
　(2)　特別条項付き36協定の上限規制の法定化
　2　上限規制の適用除外者及び適用猶予者 ………………………… 138
　3　中小企業における時間外労働に係る割増賃金率の猶予措置の廃止 … 139
　4　年次有給休暇の確実な取得 ……………………………………… 139
　5　フレックスタイム制の精算期間の延長 ………………………… 139
第2　最高裁労働判例2件（平成30年6月1日言渡）…………………… 140
〔裁判例23〕未払賃金等支払請求上告事件，ハマキョウレックス事件 … 140
〔裁判例24〕地位確認等請求事件，長澤運輸事件 ……………………… 142

主　要　裁　判　例

［裁判例 1 ］　最 二 小 判 平 17・6・3 　　民集 59 巻 5 号 938 頁 ………………… 26

［裁判例 2 ］　最 一 小 判 平 19・6・28 　裁判集民事 224 号 701 頁 ……………… 29

［裁判例 3 ］　東 京 簡 判 平 27・10・29 公刊物未登載 ………………………… 32

［裁判例 4 ］　東 京 簡 判 平 15・6・27 　最高裁ホームページ下級 ………… 34

［裁判例 5 ］　東 京 簡 判 平 20・7・8 　　最高裁ホームページ下級 ………… 39

［裁判例 6 ］　相 模 原 簡 判 平 22・11・16 公刊物未登載 ………………………… 45

［裁判例 7 ］　最 二 小 判 平 19・10・19 民集 61 巻 7 号 2555 頁 ……………… 49

［裁判例 8 ］　最 二 小 判 平 29・7・7 　　裁判集民事 256 号 31 頁 …………… 58

［裁判例 9 ］　名 古 屋 簡 判 平 21・7・15 最高裁ホームページ下級 ………… 59

［裁判例 10］　立 川 簡 判 平 20・2・14 　公刊物未登載 ………………………… 65

［裁判例 11］　東 京 高 判 平 17・3・30 　労判 905 号 72 頁 …………………… 76

［裁判例 12］　東 京 簡 判 平 18・6・21 　最高裁ホームページ下級 ………… 76

［裁判例 13］　最 二 小 判 平 6・6・13 　　裁判集民事 172 号 673 頁 ………… 81

［裁判例 14］　東 京 簡 判 平 21・8・10 　最高裁ホームページ下級 ………… 84

［裁判例 15］　東 京 簡 判 平 16・11・30 最高裁ホームページ下級 ………… 95

［裁判例 16］　東 京 簡 判 平 28・4・14 　公刊物未登載 ………………………… 100

［裁判例 17］　最 一 小 判 平 14・2・28 　民集 56 巻 2 号 361 頁 ……………… 102

［裁判例 18］　東 京 簡 判 平 16・5・24 　最高裁ホームページ下級 ………… 112

［裁判例 19］　東 京 簡 判 平 16・11・12 最高裁ホームページ下級 ………… 116

［裁判例 20］　東 京 簡 判 平 22・1・29 　最高裁ホームページ下級 ………… 117

［裁判例 21］　相 模 原 簡 判 平 22・2・24 公刊物未登載 ………………………… 122

［裁判例 22］　立 川 簡 判 平 30・2・8 　　公刊物未登載 ………………………… 133

［裁判例 23］　最 二 小 判 平 30・6・1 　　労判 1179 号 20 頁 ………………… 140

［裁判例 24］　最 二 小 判 平 30・6・1 　　労判 1179 号 34 頁 ………………… 142

凡　　例

【法　　令】

民訴法	民事訴訟法
民訴規	民事訴訟規則
労基法	労働基準法
施行規則	労働基準法施行規則
労契法	労働契約法
賃確法	賃金の支払の確保等に関する法律
賃確令	賃金の支払の確保等に関する政令
割増賃金令	休日の割増賃金に係る率の最低限度を定める政令
昭63・1・1基発1号	昭和63年1月1日都道府県労働基準局長あて労働省労働基準局長通知第1号

【判例集等】

民集	最高裁判所民事判例集
裁判集民事	最高裁判所裁判集民事
下民集	下級裁判所民事裁判例集
労判	労働法裁判例集
判時	判例時報
判タ	判例タイムズ
最高裁ホームページ下級	最高裁判所ホームページ下級裁判所重要判決情報

第1章　簡裁民事事件の特質

第1　簡裁民事訴訟における2種の事件類型

1　消費者信用関係事件（いわゆる業者事件）と市民紛争型事件

　消費者信用関係事件（貸金，立替金，求償金，譲受債権請求事件等のいわゆる業者事件）は，簡裁通常事件の全体の約7割弱を占めていると思われる。平成29年度の全通常事件数が約33万6000件である（裁判所データブック2018（法曹会））から，そのうち約22万件は消費者信用関係事件であるといってよいであろう。

　市民紛争型事件とは，前記消費者事件を除いた，市民間の法律関係，権利関係をめぐる民事事件のことであるが，当事者の一方が商人（事業者）であることもある。民事紛争型事件の例としては，売買請求，賃金請求，土地建物明渡請求，交通事故などによる各種損害賠償事件が含まれる。

2　市民紛争としての個別労働関係訴訟事件の増加

　近年，中小企業のみならず大企業においても長時間労働による過労死や過労自殺による労災認定がされたことが話題になっている。労働者を労働基準法に違反する過労自殺に追い込む過酷な長時間労働は，たとえ大企業といえどもブラック企業であり，論外であるが，国内で企業全般において非正規社員の占める割合が増加するに伴い（平成29年で37.3%にも上る。），市民紛争間のうち，賃金未払や，いわゆるブラック企業によるサービス残業の増加，解雇予告のない即時解雇による解雇予告手当請求等，全国の簡裁のうち，特に都市部に提訴される個別労働関係訴訟の少額訴訟の事件数は増加傾向にあるといえる。

　ちなみに，東京簡裁においては，平成25年から平成27年までの少額訴訟（通常手続事件に移行した事件も含む。）のうち，賃金請求事件・解雇予告手当請求事件・退職金・賞与請求事件の各新受件数は，平成25年の少額訴訟の総数2743件のうち256件（9.3%，事件種類別に多い順から4位），平成26年が2598件のうち218件（8.3%，同5位），平成27年が2547件のうち171件（6.7%，同6位）（市民と法101号（民事法研究会）75頁）と，依然として高い割合で推移している。

　個別労働関係訴訟事件数は，上記のとおり，都市部において近年増加傾向にあり，他方，平成16年4月1日から簡裁の事物管轄が140万円以下に，少額訴訟の訴額の上限が60万円以下に拡大されてから14年が経過した今日，簡裁

第1章　簡裁民事事件の特質

民事事件が多様化，複雑化してきているものと思われ，本書の主なテーマである簡裁個別労働関係訴訟も例外ではない。

他方，平成18年4月から本庁所在地の地方裁判所で労働審判制度がスタートし，近年その事件数も急増し，以後高水準で推移しており，その迅速解決審理が紛争当事者に好評を得ているものの，地裁本庁管轄内に居住する労働者でも労働審判を仰ぐまでもない定型的個別労働関係事件（未払賃金，解雇予告手当）や，居住場所が地裁本庁所在地から遠く，場所的にその労働審判を仰ぐ機会のない地方裁判所支部管内（現在労働審判は全国51の地裁本庁と，東京地裁立川支部及び福岡地裁小倉支部の2支部のみで審理されている。ただし，平成29年4月からは，前記2支部のほか，静岡地裁浜松支部，長野地裁松本支部，広島地裁福山支部でも取扱いを開始した。）に居住する労働者の個別労働事件の金銭請求事件について，簡裁が受け皿となり，簡裁の労働関係事件数が増加しているものと思われる。

3　簡裁労働関係訴訟の審理の特徴

簡裁個別労働関係事件は，地位確認等請求事件（解雇一般，整理解雇，解雇以外の終了事由）のように，訴額が140万円を超える事件（算定不能の場合は，160万円とみなされ，必然的に地方裁判所に提訴されるべき事件となり，誤って簡裁に提訴された場合は，事物管轄違いとして地方裁判所に移送される。）に比べ，訴額が比較的小さいもの（140万円以下，少額訴訟では60万円以下）の，個別労働関係事件の一類型で，地域の労働基準監督署が労働者からの相談を経て，使用者（被告会社）に対する是正勧告に関与することもあり，専門的で細かな議論がされている分野である。したがって，労働関係訴訟に関する最高裁の判例，下級審の労働裁判例等典型的な証拠及び事実認定のノウハウなど審理に有用な情報が蓄積されているため，裁判所がそれらを押さえておけば，審理の適正化，迅速化が図ることができる分野であるといえる。

第2　簡裁の民事通常事件手続に関する特則
―手続の簡略化と国民の司法参加としての民間人の関与―
1　訴訟進行に関する特則
(1)　非弁護士の代理人許可制度

非弁護士の代理人許可制度に関して，実務の運用では，①当事者の親族，②当事者の被用者（身分関係，雇用関係疎明の必要あり）などが許可の対象となる。

― 2 ―

(2) 期待される認定司法書士の訴訟代理制度

　平成14年改正司法書士法により，平成15年4月1日から司法書士（特別研修を受講し，法務大臣による認定考査に合格し登録した者）に対し簡易裁判所民事事件について代理権が付与されることとなった（司法書士法3条）。平成29年秋現在，約1万6000人以上の認定司法書士が登録されている。

　ちなみに，平成26年度の東京簡裁における認定司法書士の状況は，通常訴訟については，終局件数10万4600件のうち，原告側司法書士代理の件数は8900件（約8.5％）で，原告側弁護士代理の件数7000件（約6.7％）を上回っている。これに対し，被告側認定司法書士代理の件数は1100件（約1％）で，被告側弁護士の件数7200件（約6.9％）を下回っている。少額訴訟についてみると，終局件数2600件のうち，原告側認定司法書士代理の件数は60件（約2.5％）であり，原告側弁護士代理の件数240件（約9.4％）を下回っている。被告側についても，弁護士代理の件数320件（約12.1％）に対して，認定司法書士の件数は8件（約0.3％）と下回っている。以上の数値に照らすと，認定司法書士代理制度は，通常訴訟の原告側代理人となることについてはかなり定着したが，被告側となると弁護士代理に及ばない状況にある，少額訴訟は，原告側，被告側ともに低調な状況にある（市民と法100号（民事法研究会）7頁）。

　上記のような状況下で，簡裁の個別労働関係訴訟の実務では，認定司法書士が簡易裁判所の個別労働関係訴訟の訴訟代理人（原告及び被告とも）として，訴訟に参加してくるケースは現在のところほとんどない。

　この主な理由として考えられるのは，認定司法書士が個別労働関係事件について，労働基準法という専門性の高い分野のため消極的になっていると思われることと，請求額が小さく（140万円以下），労働者である原告のほとんどは，労働基準監督署へ相談に行き，同監督署からの企業への是正勧告が不調に終わると，請求額も60万円未満も多いことから，同署から簡裁の少額訴訟の紹介を受け，労働者である原告のほとんどが，本人訴訟として少額訴訟（請求額が60万円以下）を選択することも大きな要因となっているからではなかろうか。

　いずれにせよ，認定司法書士は，「市民の身近な街の法律家」として，請求金額が小さく，弁護士に依頼すると費用倒れになってしまうという費用対効果の面から，弁護士ではできない本人の手助けをするために活躍する余地は十分あると思われ，近年，各地の司法書士会も簡裁管轄での個別労働関係紛争の相談窓口となったり，訴訟代理人として簡裁に訴訟提起する動きもみ

第1章　簡裁民事事件の特質

られ始めている。

　少額訴訟は，1回の期日で審理を完了するのが原則である（ただし，被告から通常手続移行の申述があると，回数に制限のない通常事件と同様の手続となる。）から，何度も裁判所に足を運ぶ可能性は低いという利点がある。したがって，できるだけ認定司法書士代理人が，期日当日に本人を同行し，本人とともに主張立証を尽くすことが期待されている（市民と法100号（民事法研究会）「100号に寄せて」）。今後は，簡裁の個別労働関係訴訟や民事調停においても一層認定司法書士の活躍が期待されるところである。

(3)　簡裁民事における弁論

　簡裁においては，原則として準備書面は不要（民訴法276条1項）である。ただし，例外として相手方が準備しなければ陳述できないと認められる事項（たとえば，主たる争点の攻防）は，準備書面が必要である。簡裁の労働関係事件は，上記のとおり本人訴訟の場合が非常に多いので，裁判所が用意した準備書面の書式を渡し，本人の「言い分」を書面にして提出するよう促している。

　実務では，相手方が欠席したときは，前記の準備書面は相手方に送付等がされていないと陳述できない（同法276条3項）。

(4)　続行期日における準備書面の陳述擬制

　続行期日においても準備書面の陳述擬制が可能である（民訴法277条）。これは地方裁判所では続行期日には，一方当事者が欠席した場合は陳述擬制ができない（同法161条3項）とするのが原則であるのに対し，簡裁固有の特則である。

(5)　証拠調べの方式

ア　証拠申請書

　証拠申請書は尋問事項書も含め，法文上は不要である（民訴法276条1項，民訴規1条）。しかし，実務の運用上は当事者本人の場合，申請書の提出がなくても裁判所が職権で採用することもあるが，証人は申請を必要としているので，裁判所の窓口および担当書記官が書式を示すなどして，できるだけ提出させている。弁護士及び認定司法書士代理人が付いている事件は，例外なく提出している。

イ　書証の写しの提出（民訴規137条）

　書証の写しは，理論上は省略が可能である。しかし，実務の運用は本人訴訟でも，必ず提出するよう促しているし，個別労働関係事件では，証拠である書類の取調べは極めて重要（給与明細，求人票，出勤簿，タイム

— 4 —

カード等）なので，原本の取調べを原則とし，たとえ本人訴訟の場合でも必ず原本を持参させ，取調べ後，写しを提出させている。

ウ　書面尋問（民訴法 278 条）

　　簡裁では，平成 16 年の民訴法改正により，地方裁判所と異なり，証人のみならず，本人についても書面による尋問が可能となった（民訴法 278 条）。しかし，個別労働関係訴訟の実務の運用では，この制度はほとんど活用されていないようである。遠隔地に居住する当事者が当該簡裁に出頭することが極めて困難な場合には，裁判所が詳細な尋問事項を作成して書面による尋問を運用として活用することも考えられる。しかし，実務の運用上，労働関係事件の場合，この条文を利用して書面尋問を活用することはほとんどなく，筆者も通常の損害賠償請求事件で，遠隔地に居住する被告本人の書面尋問を実施したことはあるが，個別労働関係訴訟事件では活用したことはない。

エ　証人又は検証調書等の調書省略の代替手段としての録音テープの記録（民訴規 170 条）

　　証人等の陳述の調書記載の省略は，簡裁における訴訟の実情と簡易，迅速な紛争解決という要請を考慮し，そもそも裁判官の許可を得て証人等の尋問調書は作成せず（同規 170 条 1 項），裁判官の命令又は当事者の申出に応じて陳述を録音したテープ（最近では CD-R による音声データ，以下「CD-R」という。）をダビングすることで対応しようとする規定（同規 170 条 2 項）である。そのため，簡裁では，裁判官の許可を得て原則として証人又は当事者の供述調書を作成しておらず，地方裁判所のように，音声データを記録に代わるものとしての扱いもしていない（同規 68 条）が，実務上は，裁判官の命令又は当事者の申出により証人又は検証調書等の調書省略の代替手段としての音声データー（CD-R）を事実上残し，控訴があった場合には当該音声データー（CD-R）を記録に添付して送付するのが実務上の扱いである。当事者は，控訴するときなど，必要に応じ裁判所から音声データー（CD-R）を取り寄せ，費用自己負担で反訳書面を作成することになる。筆者は，労働関係事件でも，弁護士代理人を含む全当事者に説明し，協力してもらう運用をしている。なお，そもそも少額訴訟においては，裁判官の命令又は当事者の申出のない限り，録音による音声データも作成しない扱いである（同規 227 条）。

オ　民間人の社会良識の導入—司法委員（民訴法 279 条，民訴規 172 条）

　　良識がある民間人から選ばれた司法委員は，国民の司法参加という機能

を果たしていることから，和解の補助にとどまらず，意見の聴取を積極的に行うなど，より適正・妥当な事件処理ができるような関与が求められる。平成 21 年 5 月から地裁刑事法定合議事件の一部でも国民の司法参加による裁判員制度がスタートし，平成 30 年で 9 年が経過し，概ね安定的に運営されているようであるが，簡裁では平成 30 年 2 月時点では，全国で約 5200 名を超える司法委員（正式には司法委員となるべき者）が任命され（裁判所データブック 2018（法曹会）），全国の 438 の簡裁で活躍しており，今や都市部の簡裁の民事通常訴訟事件，特に労働関係訴訟では，司法委員の関与なしには運用ができないといっても過言ではなく，特に都市部の簡裁では労働関係訴訟数が多く，1 期日に複数の労働事件を入れていることもあり，司法委員の活躍がめざましく，調停制度による民事調停委員や家事調停委員（全国で合計 2 万 997 人，同上データブック）とともに，国民の司法参加が完全に定着しているといってよい。

カ　司法委員の活用

(ｱ)　事案に即した適切な司法委員の活用

　　個別労働関係事件の場合，当然のことながら労働基準法等の解釈についての争いが多く，一般民事事件より専門的な知識が要求される。したがって，司法委員の中でも，弁護士，社会保険労務士，特に労働基準法に精通している労働基準監督署 OB や，都道府県の労働委員会の委員，都道府県の労働センター職員，厚生労働省機関である都道府県の労働局の職員 OB 等，労働関係事件について高度な専門知識を有する司法委員を専門家司法委員として，積極的かつ優先的に労働関係事件に関与してもらう運用をすることが望ましい。

(ｲ)　司法委員の関与段階と段階ごとの役割

a　第 1 回口頭弁論期日及び争点整理の段階

　　原則として第 1 回口頭弁論期日から事件指定方式で司法委員を指定し，早い段階で訴訟記録を見てもらい，事件の概要を把握した上で，裁判官と打合せをすることにより，事件の争点が整理できると考える。争点整理後に司法委員から聞いた意見の中には，期日において労働基準法の解釈について異なる意見が出た場合進行が遅れる要因となる可能性があるので，早期の段階から事件に関与してもらい，認識を共通にすることが必要であると考える。

b　人証証拠調べの段階

　　裁判官は，事案に応じて，司法委員と事前準備を十分に行い，争点

を整理し，把握したうえ，司法委員に集中証拠調べに関与させた裁判官は，必要があると認めるときは，司法委員が証人等に対し直接問いを発することを許可することができる（民訴規172条）。裁判所は，必要があると認めるときは，和解を試みるについて司法委員に補助をさせ，又は司法委員を審理に立ち会わせて事件につきその意見を聴くことができる（民訴法279条1項）。事案の内容と争点の整理，解決の方向性等について司法委員と共通認識をもつ必要がある。特に司法委員による和解手続では，事前およびその後の進行に応じて打合せを十分に行い，特に人証調べ後の裁判官の心証（判決予定内容）と司法委員を通じての当事者に対する紛争解決案（和解提示案）の口頭による提示内容について，司法委員との間に齟齬がないように裁判官の心証を正確に伝え，十二分に確認するよう努める。

キ　集中証拠調べ（民訴法182条）

争点を中心に，事案に応じた弾力的な方法により，司法委員の立会いを求めて（民訴法279条1項）集中証拠調べを行い，原則として，この期日に弁論終結または和解による終了を予定する。集中証拠調べでは，原則として，1期日で終了させる。個別労働関係事件の対象となる事案では，人証は原則として当事者双方で2人，例外的に多くても3から4人（原告本人と証人1人か，多くても2人）であろうし，原則として，証拠調べの調書を作成しないからである。

2　訴訟終了における特則

(1)　簡裁民事の判決書の簡易記載（民訴法280条）

簡裁の民事判決書については，民訴法280条に簡略記載を認める特則が設けられている。その趣旨は，少額・軽微な事件が多い簡裁においては，判決書作成に費やす労力と時間を軽減し，これによって生じた余力を審理の充実や特に事案輻輳事件の判決書等に振り向けて，負担の適切な配分をめざすことにある。したがって，簡裁の判決書においては，簡略記載を認める特則の趣旨を活かして，簡潔で分かりやすい記載となるよう工夫すべきである。簡裁の個別労働関係訴訟事件は，簡裁の係属事件の中では，比較的困難な事件に分類されるが，判決の記載が詳細すぎることによって，かえって当事者にとって分かりにくくなったり，どの証拠を認定したのか判然としないような判決書になることは適切でないことにも留意しなければならないであろう。

(2)　調書判決

— 7 —

第1章　簡裁民事事件の特質

　　判決の言渡しは，判決書の原本に基づいて行うのが原則であるが（民訴法
252条），例外的に，①被告が原告の主張事実を争わず，かつ，何らの抗弁
事実の主張もしない場合，答弁書を提出せず，口頭弁論期日に出頭しない場
合（被告会社が事実上破綻している場合がある。），または，②公示送達事件
で被告が口頭弁論期日に出頭しない場合（準備書面の陳述擬制の場合を除
く。）で，かつ，原告の主張がすべて認められ，原告の請求を全額認容する
ときは，判決書の原本に基づかないですることができる（同法254条1項）。
　　実務上の調書判決の参考例は，【書式1】のとおりである。

【書式1】調書判決

　　　　　第1回口頭弁論調書（少額訴訟判決）　　裁判官認印

　　　　　事件の表示　平成28年（少コ）第876号

　　　　　期　　　　日　平成28年6月23日午前10時10分

　　　　　場　　　　所　東京簡易裁判所民事第308号法廷で公開

　　　　　裁　判　官　岡　﨑　昌　吾

　　　　　裁判所書記官　○　○　○　○

　　　　　出頭した当事者等　原　告　○　○　○　○

　　　　　　　　原告

　　　　　　　　　　訴状陳述

　　　　　　　　裁判官

　　　　　　　　1　弁論終結

　　　　　　　　2　別紙の主文及び理由の要旨を告げて判決言渡し

　　　　　　　　　　　　　　　　裁判所書記官　○　○　○　○　　印

　　　（別紙）

第1　当事者の表示

　　別紙当事者目録記載のとおり（略）

第2　主文

　1　被告は，原告に対し，35万2000円及びこれに対する平成28年3月15日から支
　　払済みまで年14.6パーセントの割合による金員を支払え。

　2　訴訟費用は被告の負担とする。

　3　この判決は仮に執行することができる。

第3　事実及び理由

　1　請求

　　主文と同旨

2 請求の原因

別紙請求の原因記載のとおり（省略）

3 理由の要旨

被告は，本件口頭弁論期日に出頭せず，答弁書その他の準備書面を提出しない。

したがって，被告において請求原因事実を明らかに争わないものとしてこれを自白したものとみなす。

この事実をもとに判断すると，原告の請求は理由がある。

第3 労働契約における基本用語と原則についての基礎知識

1 労働契約（雇用契約）

当事者の一方が，相手方に対し，労務に服することを約し，相手方がこれに対して報酬を与えることを約束することによって，その効力を生ずる契約（労働契約）である（民法623条）。

労働契約を結ぶ場合には，口頭の約束だけでも効力は発生し，労働契約書の作成までは義務付けられていないが，一般的に書面を交わすことが多い。なぜなら，使用者は，労働者に対して労働条件を明確に示さなければならず，一定の事項については書面によって明示しなければならない（労基法15条1項・施行規則5条）からである。

労基法で，「労働者」とは，職業の種類を問わず，事業又は事務所（以下「事業」という。）に使用される者で，賃金を支払われる者をいう（同法9条）。

2 労働時間に関する基本用語

労働時間は，賃金と並んで，もっとも基本的かつ重要な労働条件である。雇用形態の多様化等が進む中で，労働時間規制の多様化・柔軟化の要請が強まっている。他方で，時間外手当不払いをめぐる訴訟も増加しており，労働者の健康・生命やワークライフバランスにも十分に配慮した法規則やその法解釈が重要な課題である。

(1) 法定労働時間，所定労働時間，労働日数

ア 法定労働時間

法で定められた1週及び1日の最長労働時間（1週40時間（労基法32条1項），1日8時間（同法32条2項））である。

最一小判平成12年3月9日民集54巻3号801頁（三菱重工長崎造船所事件）

— 9 —

イ　所定労働時間

労働契約で定められた労働時間である。就業規則において，始業・終業時刻と休息時間が定められている。労基法89条1号始業時刻と終業までの時間を所定就業時間といい，これから休息時間を除いたものを所定労働時間という。

ウ　労働日（数）

労働者が労働契約上労働義務を負う日（数）である。

(2)　始業時刻，終業時刻

ア　始業時刻

労働時間の開始時刻

イ　終業時刻

労働時間の終了時刻

(3)　所定就業時間，所定労働時間

ア　所定就業時間

就業規則や雇用契約で定められた労働者の労働時間であり，所定の始業時刻から終業時刻までの時間である。

イ　所定労働時間

所定就業時間から休憩時間を除いた時間で，労働者が労働義務を負う時間（この時間が通常の賃金と対価性を有する部分である。）である。

(4)　休憩時間，拘束時間，実労働時間，手待時間

ア　休憩時間

労働者が労働時間の途中において，休息のために労働から完全に解放されることを保障されている（労働義務を負わない）時間である（労基法34条1項）。

イ　拘束時間

実際の始業時刻から実際の終業時刻までの時間（休憩時間を含む。）である。

ウ　実労働時間

拘束時間から休憩時間を除いた時間（労働者が実際に労働に従事した時間）である。

遅刻，欠勤，早退等により現実に労務を提供していない時間は，これに該当しない（所定労働時間が8時間の日に遅刻時間部分を居残りさせることは，法定時間外労働とはならないから，遅刻，欠勤，早退等がある場合には注意を要する）。

労基法 11 条は，賃金について，「この法律で賃金とは，賃金，給与，手当，賞与その他の名称の如何を問わず，労働の対償として使用者が労働者に支払うすべてのものをいう」としている。すなわち，労務に服することへの報酬が，賃金の基本的要素とされているので，従業員が欠勤して労務を提供しなかった場合には，労働契約の趣旨として異なる定めが別途なされている場合（例えば，純然たる月給制や出来高給制など）を除き，当該従業員には賃金請求権が発生しないことになる。これをいわゆる「ノーワーク・ノーペイの原則」という。したがって，基本給部分が「賃金」に該当することは明らかであるから，基本給部分から，欠勤の割合に応じた賃金カットができることは当然である。

エ　手待時間

　　現実には作業に従事していない，作業と作業の間の待機時間（使用者の指示があれば直ちに作業に従事しなければならない時間）で，労働時間に該当する（[裁判例 10] を参照）。

(5)　休日，法定休日，法定外休日

ア　休日

　　労働契約において労働者が使用者に対して労働義務を負わない日である。

イ　法定休日

　　労基法 35 条に規定する少なくとも週 1 回の休日又は 4 週間 4 日以上の休日である。

ウ　法定外休日

　　法定休日に該当しない労働契約上の休日である。

　　労基法 37 条による割増賃金の支払義務が発生するのは，法定休日についてであるから，週休 2 日制の場合，1 日は法定休日，1 日は法定外休日となることに注意を要する。

(6)　時間外労働，休日労働

ア　時間外労働

　　所定労働時間を延長して労働させることである。

イ　休日労働

　　法定休日に労働させることである。

(7)　法定時間外労働，法内（所定）時間外労働

ア　法定時間外労働

　　法定時間を超える労働である。

イ　法内（所定）時間外労働

労働契約において，所定労働時間が法定労働時間よりも短く規定されている場合（例：1日7時間30分）に所定労働時間を超えて法定労働時間の範囲内で行われる労働（上記の例では30分間）である。

(8)　法定休日労働，法定外休日における労働

ア　法定休日労働

法定休日における労働である。

イ　法定外休日労働

所定休日が法定休日より多く定められている場合（週休2日制が典型例である）に法定外休日に行われる労働である。

3　労働時間に関する基本原則

(1)　期間に関する原則（1箇月，1週，1日）

ア　1箇月

歴による1箇月をいい，起算日は，毎月1日，賃金計算期間の初日，時間外労働協定における一定期間などとして，就業規則に記載する必要がある（労基法89条2号）。定めがない場合には，賃金計算期間の初日として取り扱う（平成21年基発0529001号）。これは，1箇月60時間を超える時間外労働（労基法37条1項但書）の算定の際に問題となる。

イ　1週

就業規則その他に別段の定めがない限り，日曜日から土曜日までの歴週をいう（昭63・1・1基発1号）。

ウ　1日

午前零時から午後12時までの歴日をいう（昭63・1・1基発1号）。

2歴日にわたって継続勤務が行われる場合は，1勤務として，勤務の全体が始業時刻の属する日の労働として取り扱われる（昭63・1・1基発1号）。したがって，午前零時を挟んで労務を提供した場合には通算される。

(2)　労働時間の原則（1週40時間（労基法32条1項），1日8時間（労基法32条2項））

ア　労働者は，法定労働時間を超えて労働する義務を負わない。そのため，法定労働時間を超える所定労働時間を定めても，労基法13条によって無効となり（強行的，直立的効力），法定労働時間に修正される。

イ　法定労働時間を超えて労働が行われる場合には，時間外労働の要件（労基法36条（いわゆる36（サブロク）協定の締結，届出）を満たす必要が

あり，かつ，法定労働時間については割増賃金を支払う必要がある（労基法37条，以下割増賃金の詳細は，第1章第5の1⑴以下を参照）。同法の違反には罰則がある（同法119条）。

　　ウ　違法な契約であっても，使用者は割増賃金の支払義務を免れない。

⑶　休憩時間の原則

　　ア　使用者は，労働時間が6時間を超える場合においては少なくとも45分，8時間を超える場合には少なくとも1時間の休憩時間を労働時間の途中に与えなければならない（労基法34条1項）。

　　イ　使用者は，休憩時間を自由に利用させなければならない（同条3項）。

　　ウ　休憩付与義務違反についても罰則がある（同法119条）。

⑷　休日の原則

　　ア　週休1日制とは，少なくとも毎週1回（労基法35条1項）の休日を取らなければならない。ただし，変形週休制（4週4休）の場合は適用されない（同条2項）。休日は，労働者が労働義務を負わない日である。

　　イ　週休2日制を採用する場合，1日が法定休日，他の1日が法定外休日となるが，法定休日に労働させた場合は休日労働として3割5分増の割増賃金が生じる（同法37条）。しかし，法定外休日に労働した場合はこの義務は生じない。

⑸　割増賃金（時間外手当）の支払義務

　　労基法上の割増賃金（時間外手当等）の支払義務は，実労働時間（始業から終業までの拘束時間）の中から休憩時間と認められる時間を除いた時間（労働者が使用者の指揮命令下に置かれている時間，最一小判平成12年3月9日民集54巻3号801頁，判タ1029号164頁，判時1709号126頁，三菱重工長崎造船所事件）が法定労働時間（1日8時間，1週40時間，労基法32条）を超える場合に生じる。

⑹　割増賃金の割増率

　　ア　法定時間外労働，法定休日労働は，法律のみならず労働契約上も労働義務を負わない時間の労働であり，所定賃金に含まれていない（対価性がない）から，通常の時間賃金（100％）に加えて割増賃金（25％又は35％）を請求できる（労基法37条1項本文，2項，割増賃金令）。

　　イ　深夜労働（午後10時〜午前5時）が所定労働時間内に行われた場合には，通常の時間賃金は所定賃金として支払われているので，割増率に相当する部分のみを請求できるが，深夜割増賃金も含めて所定賃金が定めている（ことが明らかな）場合は請求できない（昭23・10・14基発1506号）。

— 13 —

ウ　時間外労働が深夜業と重なる場合は，重なる部分については割増率が
　　　「5割以上」ないし「7割5分以上」となる（施行規則20条1項）。
　　エ　休日労働と深夜労働が重なる場合は，重なる部分については割増率が
　　　「6割以上」となるが（施行規則20条2項），休日労働中に1日8時間を
　　　超える労働が行われた場合については休日労働に関する規則のみが及び，
　　　時間外労働に関する規制が及ばないので，8時間を超える部分についても
　　　「3割5分以上」の割増率でよい（昭22・11・21基発366号，昭33・2・
　　　13基発90号，平6・3・31基発181号）。
　　オ　法定休日労働は週の時間外労働に算入されない。
　　カ　60時間を超える時間外労働に対する5割増以上の割増賃金の支払義務
　　　（労基法37条1項但書。深夜の場合は7割5分以上（施行規則20条1
　　　項），引き上げ分の割増賃金の支払に代わる代替休暇制度（同法37条3
　　　項）は，当分の間，中小事業主（その資本金の額又は出資の総額が3億円
　　　（小売業又はサービス業を主たる事業とする事業主については5000万円，
　　　卸売業を主たる事業とする事業主については1億円）以下である事業主及
　　　びその常時使用する労働者の数が300人（小売業を主たる事業とする事業
　　　主については50人，卸売業又はサービス業を主たる事業とする事業主に
　　　ついては100人）以下である事業主）には適用が猶予される（同法138
　　　条，以上，労働法第11版（菅野和夫，弘文堂法律講座双書））。
　　　　ただし，平成29年9月に，厚生労働省は，労働政策審議会に対し，「働
　　　き方改革を推進するための関係法律の整備に関する案要綱」（以下「要綱」
　　　という。）を諮問し，平成30年6月に法改正（5年以内に施行）され，こ
　　　の規定が廃止された。2023年4月1日以降は中小企業であっても，月60
　　　時間を超える時間外労働をさせた場合には，原則どおり労働基準法上の割
　　　増率50％の適用となる。

4　労働条件の明示

　　労働契約を結ぶ場合には，労働契約書の作成までは義務付けられていない
　が，使用者は，労働者に対して労働条件を明確に示さなければならず，一定の
　事項については書面によって明示しなければならない（労基法15条1項，施
　行規則5条）。
　　しかしながら，簡裁に提訴される多くの未払賃金訴訟等の現状では，使用者
　が中小零細企業が多く，使用者のほとんどが労働契約書を作成しているケース
　はないのが実情である。

— 14 —

明示しなければならない労働条件
　⑴　必ず明示しなければならない事項（書面にしなければならない事項）
　　　ア　労働契約の期間に関する事項
　　　イ　就業の場所・従事すべき業務に関する事項
　　　ウ　始業・終業の時刻，所定労働時間を超える労働（早出・残業等）の有
　　　　　無，休憩時間，休日，休暇並びに労働者を２組以上に分けて就業させる
　　　　　場合における就業時転換に関する事項
　　　エ　賃金の決定，計算・支払の方法，賃金の締切り・支払の時期に関する
　　　　　事項
　　　オ　退職に関する事項（解雇の事由を含む。）
　⑵　定めをした場合に明示しなければならない事項
　　　ア　退職手当の定めが適用される労働者の範囲，退職手当の決定，計算及
　　　　　び支払方法並びに支払時期に関する事項
　　　イ　臨時に支払われる賃金，賞与及び第８条各号に掲げる賃金並びに最低
　　　　　限賃金額に関する事項
　　　ウ　労働者に負担させるべき食費，作業用品などに関する事項
　　　エ　安全・衛生に関する事項
　　　オ　職業訓練に関する事項
　　　カ　災害補償・業務外の傷病扶助に関する事項
　　　キ　表彰・制裁に関する事項
　　　ク　休職に関する事項

5　労働条件の不利益変更（労契法９条）

　⑴　労働条件の不利益変更の具体例
　　　　労働条件不利益変更とは，労働契約に定められている労働条件を労働者に
　　　対して不利益に変更することをいう。具体的には，賃金の引き下げ，所定労
　　　働時間の延長，所定休日の削減，退職金の減額など既存の労働条件を低下さ
　　　せることは，いずれも不利益変更に当たる。
　⑵　不利益変更が許される場合
　　　　労働条件は，労働者と使用者が，対等の立場において決定すべきものであ
　　　る（労基法２条）とされており，賃金，労働時間などの労働条件は，労働者
　　　と使用者が締結した労働契約によって決められる。締結当事者双方が合意し
　　　て取り決めた契約の内容を，どちらか一方の意思のみで変更できないことは
　　　当然のことである。したがって，労働契約で定めた労働条件を変更する場合

は，契約の当事者間，つまり労働者と使用者との合意によって変更すること
ができる。また，労働条件を定めた就業規則などを変更する場合も，個々の
労働者から同意を得ることが必要となる。これは，労働者に不利益な変更ば
かりでなく，本来は有利な変更であっても同様である。したがって，使用者
が労働条件の不利益変更を実施する場合は，事前に各労働者と十分話し合
い，各労働者の同意を得ることが大原則である。

(3) 各労働者から同意が得られない場合の不利益変更の実施

　　最高裁は，「新たな就業規則の作成又は変更によって，既得の権利を奪い，
労働者に不利益な労働条件を一方的に課することは，原則として，許されな
い。」と説示した上で，「新たな就業規則の作成又は変更によって，既存の権
利を奪い，労働者に不利益な労働条件を一方的に課することは，原則とし
て，許されないと解すべきであるが，労働条件の集合的処理，特にその統一
的かつ画一的な決定を建前とする就業規則の性質からいって，当該規則条項
が合理的なものであるかぎり，個々の労働者において，これに同意しないこ
とを理由として，その適用を拒否することは許されない。」(最大判昭和 43
年 12 月 25 日，秋北バス事件) と判示した。

(4) 最高裁判決で示された客観的合理性の判断項目

　　最高裁判決で示された客観的合理性の判断項目としては，次の項目があげ
られ，これらを総合的に考慮して判断される。

ア　変更により労働者が受ける不利益の程度

イ　使用者側の変更の必要性の内容・程度

ウ　変更後の就業規則内容自体の相当性

エ　代償措置その他関連するその他の労条件の改善状況

オ　労働組合のなどとの交渉の経緯

カ　他の労働組合または他の労働者の対応

キ　同種事項に関する我が国社会における一般状況

　　特に賃金，退職金など労働者にとって重要な権利・労働条件については，そ
のような不利益を労働者に法的に受認させることを許容できるだけの高度の必
要性に基づいた合理的な内容のものでなければならない。

(参考判例)

　最二小判昭和 58 年 11 月 25 日，タケダシステム事件，最三小判昭和 63 年 2 月
16 日，大曲市農業協同組合事件，最二小判平成 9 年 2 月 28 日，第四銀行事件，
最一小判平成 12 年 9 月 7 日，みちのく銀行事件 (労働基準広報「平成 18 年 12
月号」5 頁)

6　賃金全額払いの原則

　賃金は，通貨で，直接労働者に，その全額を支払わなければならない（労基法 24 条 1 項前段）。

7　前借金と賃金との相殺の禁止

　使用者は，前借金その他労働することを条件とする前貸の債権と賃金を相殺してはならない（労基法 17 条）。

8　賃金と損害賠償請求権との相殺禁止

　労働者が，未払賃金を請求した場合，使用者が労働者に対して有する債権を自動債権として労働者の有する請求権と相殺するという主張をすることがある。しかしながら，労基法 24 条 1 項は，賃金全額払いの原則を定めており，判例は，この原則には使用者からの「相殺禁止」の趣旨も含まれると判断している（最判昭 31・11・2 民集 10 巻 11 号 1413 頁「関西精機事件」）。その結果，訴訟法上は，賃金請求事件においては使用者からの相殺の主張は抗弁とならず，仮に主張したとしても主張自体失当として退けられることになる。仮に，使用者が労働者に責任があるとして損害賠償を請求したいというのであれば，反訴又は別訴を起こし，請求原因事実について主張・立証をしなければならない。その際，使用者からの労働者に対する損害賠償請求については，判例法理として責任制限法理が形成されていることを留意する（後記第 3 章第 4 参照）。

第 4　訴状の受理
1　訴状の記載事項

　訴状には，主張立証関係を早期に明らかにさせる趣旨から請求を特定するのに必要な事実のほか，請求を理由づける事実について具体的に記載し，かつ，立証を要する事由ごとに当該事実に関連する事実で重要なもの，および証拠を記載し，証拠となるべき文書の写しで重要なものも添付しなければならない（民訴規 53 条，55 条）。しかし，簡裁の一般通常事件では，原告本人自らが訴訟追行することが多いことから，請求の原因を明確にさせることが困難であると考えられている。そこで，簡裁に訴えを提起するには，請求の原因に代えて紛争の要点を明らかにすれば足りるとされている（民訴法 272 条）ので訴状にあまり詳細な記載を求めるのは相当ではないと考える。しかしながら，個別労働関係事件は，本人訴訟で臨む当事者には，紛争の要点を明らかにすれば足りるとはいっても，下記訴状審査の実質的記載事項については定型訴状【書式 2

— 17 —

ないし 4】を用意して，最低限記載してもらう運用で対応することが多い。

2 訴訟物

未払賃金請求事件及び時間外労働手当請求事件の訴訟物は，「労働契約に基づく賃金請求権」，解雇予告手当の訴訟物は，「労基法 20 条 1 項に基づく解雇予告手当支払請求権」，併せて付加金が請求される場合の訴訟物は，「労基法 114 条に基づく付加金支払請求権」である。

3 定型訴状の活用

本人訴訟で臨む当事者のために，利用しやすい簡裁の視点から，最近では市民が訴え提起する類型別定型訴状や市民のためのさまざまな定型訴状様式が市販されているようである。裁判所では個別労働関係訴訟事件用として，未払賃金請求事件，時間外手当，解雇予告手当請求事件用の定型訴状【書式 2 ないし 4】を簡易裁判所の窓口に用意するとともに最高裁のホームページにもその書式を紹介し，活用を促している。また，東京簡裁のホームページにおいても独自に書式を紹介している。この他にも公刊物としては，「大阪簡易裁判所における民事訴訟の運営と定型訴状モデルの解説」（別冊判例タイムズ 27 号，判例タイムズ社）等を参照されたい。

4 定型訴状記載例

【書式 2】賃金支払請求事件

東京都〇〇区中央 1 丁目〇〇－2－1－13

　　原　　　　告　　甲　野　太　郎

東京都〇〇区〇〇 2 丁目 3－13－5

　　被　　　　告　　〇　〇　株　式　会　社

　　同代表者代表取締役　　乙　野　次　郎

請求の趣旨

1　被告は，原告に対し，21 万 8852 円及びこれに対する平成 28 年 4 月 21 日から支払済みまで年 14.6 パーセントの割合による金員を支払え。
2　訴訟費用は被告の負担とする。
3　この判決は仮に執行することができる。

紛争の要点

1　原告は，平成 23 年 6 月 1 日から平成 28 年 3 月 25 日まで被告に雇用され，仕事（営業）に従事した。

2　当時者間に給与に関する定めは，以下のとおりである。

　　　月給　25万円

　　　別途各種手当あり　変動額

3　被告は，原告に対して，以下の未払賃金がある。

　　　平成28年3月分

　　　全部　21万8852円

4　よって，原告は，被告に対し，21万8852円及びこれに対する平成28年4月21日から支払済みまで法定の遅延損害金の支払を求める。

【書式3】解雇予告手当請求事件

　　　　　東京都○○区中央1丁目○○—2—1—13

　　　　　　　原　　　　告　　甲　野　太　郎

　　　　　東京都○○区○○2丁目3—13—5

　　　　　　　被　　　　告　　○　○　株　式　会　社

　　　　　　　同代表者代表取締役　　乙　野　次　郎

請求の趣旨

1　被告は，原告に対し，25万7507円及びこれに対する平成28年3月27日から支払済みまで年5パーセントの割合による金員を支払え。

2　訴訟費用は被告の負担とする。

3　この判決は仮に執行することができる。

紛争の要点

1　原告は，被告に平成23年6月1日雇用され，仕事（営業）をしていたが，平成28年3月26日に解雇を通告され，即日解雇された。

2　支払われるべき解雇予告手当金は，以下のとおりとなる。

⑴　賃金の支払条件

　　賃金締切日　末日締めの翌月20日払いで，

　　賃金額　　　月給　25万円であった。

⑵　平均賃金額の算出

　　本件において，平均賃金算定期間は，平成27年12月1日から，平成28年2月末日までの暦日　a…91日間であり，その期間に支払われるべき賃金総額は，b…78万1104円である。よって，

　　平均賃金は。b÷a【□×60/100】＝c…8583円56銭（以下切捨）となる。

⑶　解雇予告手当の算出

　　解雇通告日から解雇日までは。d…0日であり。支払われるべき解雇予告手

当金は，c×（30－d）＝25万7507円（円未満四捨五入）となる。

3　よって，原告は，被告に対し，25万7507円及びこれに対する平成28年3月27日から支払済みまで法定の遅延損害金の支払を求める。

【書式4】時間外手当，解雇予告手当，付加金請求事件

東京都○○区中央1丁目○○－2－1－13

　　　　原　　　　　告　　甲　野　太　郎

東京都○○区○○2丁目3－13－5

　　　　被　　　　　告　　○　○　株　式　会　社

　　　　同代表者代表取締役　　乙　野　次　郎

請求の趣旨

1　被告は，原告に対し，金204万7738円及び内金59万6089円に対する平成28年5月1日から支払済みまで年14.6パーセントの，内金43万0680円に対する平成28年5月1日から支払済みまで年5パーセントの，内金102万0969円に対する本裁判確定の日から支払済みまで年5パーセントの各割合による金員を支払え。

2　訴訟費用は被告の負担とする。

3　第1項のうち，59万6089円について，仮に執行することができる。

紛争の要点

1　原告は，被告に平成27年2月1日雇用され，仕事（運送業務）をしていたが，平成28年5月30日に解雇を通告され，即日解雇された。

2　原告は，被告との間で，第1項記載のとおり雇用契約を締結し，同期間被告会社で就労したが，原告は，被告会社で過酷な法定時間外労働をさせられ，かつ，本件は，原告の依願退職ではなく，解雇予告のない被告の即時解雇であるから，被告に対し，平成28年1月から同年4月末日までの未払時間外賃金，解雇予告手当59万6089円及び金102万0969円の付加金の支払と法定の遅延損害金の支払を求めるものである。

請求原因の要旨

原告は，被告に対し，上記雇用期間中の未払賃金等のうち，平成28年2月分の未払賃金合計12万0204円（内訳，法定時間外労働（2割5分増し）時間数98時間として，11万4954円，同月の法定休日出勤（3割5分増し）割増賃金5250円），同年3月分の未払賃金合計18万6285円（内訳，法定時間外労働時間（2割5分増）数131時間として18万0125円，法定休日出勤割増（3割5分）賃金6160円），同年4月分の未払賃金合計20万9640円（内訳，法定時間外労働時間（2割5分増）数144時間として19万8000円，法定休日出勤割増（3割5分増）賃金6160円等），同年5

月分（4月21日〜30日）の未払賃金合計7万7440円（内訳，稼働7日間×8800円）の総合計59万5729円から，被告から平成28年5月31日に振込みのあった1万5480円を控除した合計金58万0249円が未払いであるから，残業手当等の支払と，本件は，解雇予告のない即時解雇であるとして，金43万0680円の解雇予告手当及び金102万0969円の付加金及び法定の遅延損害金の支払を求める。

第5　労働関係請求事件の訴状の審査

1　賃金請求事件，時間外手当請求事件の訴状審査の内容

(1)　審査すべき点

訴状に関して，審査すべき点は以下のようなものが考えられる。

ア　必要的記載事項（民訴法133条2項）。

簡裁への訴えにおいては，請求の原因に代えて紛争の要点を明らかにすれば足りるとされているが（同法272条），賃金及び時間外手当請求事件においては，最低限次の事項についての記載を要する。

イ　時間外・休日・深夜労働の割増賃金の原則

(ア)　労基法の割増賃金規定

労基法の割増賃金規定は，強行法規であり，労働者と使用者で任意に割増賃金を支払わない旨合意しても無効であり（労基法13条），使用者は，割増賃金支払義務を免れない。

(イ)　法内時間外労働や法定外休日労働

以上に対して，法内時間外労働や法定外休日労働については，使用者に賃金の支払義務は発生するが，割増賃金の支払義務は生じない。支払うべき賃金の額は雇用契約で定められた個別の合意による。仮に，雇用契約中に残業時間の賃金額に関する合意がない場合には，当事者の合意の解釈として時間外労働の計算の基礎となる1時間当たりの賃金額（割増しない額）とする例が多い。

a　賃金請求の場合

(a)　労働締結の事実があること

(b)　労務提供の事実があること

(c)　未払賃金の特定（毎月の賃金の締切日と支払日）

b　割増賃金請求の場合

(a)　上記(a)ないし(c)の請求原因

(b)　時間外勤務に期間又は時間数等，法定の割増率を超える場合は，その合意の存在の事実ということになる。

— 21 —

第1章　簡裁民事事件の特質

c　時間外・休日労働の割増率

(a)　法定時間外労働，法定休日労働は2割5分又は3割5分以上（労基法37条第1項の時間外及び休日の割増賃金に係る率の最低限度を定める政令，以下「割増賃金令」という。）

(b)　1か月について60時間を超えた場合，上記賃金の5割以上（労基法37条1項但書）（中小企業の場合は2023年3月まで適用猶予（労基法附則138条）

(c)　休日労働，3割5分以上（割増賃金令）

(d)　時間外労働かつ深夜労働，5割以上（施行規則20条1項）

(e)　1か月について60時間を超えた場合，(a)は7割5分以上（施行規則20条1項）

(f)　休日労働かつ深夜労働，6割以上（施行規則20条2項）

d　時間外・休日労働の割増賃金の計算方法（施行規則19条）

(a)　1時間当たりの賃金を次の計算式で算出する。

月給制，割増賃金基礎計算から除外される賃金（施行規則21条）を除いた月給÷{1日の所定労働時間数×（1年の日数－1年の所定休日日数）÷12か月}

日給制，日給÷1日の所定労働時間

週休制，週休÷1週の所定労働時間

(b)　上記(a)で算出された金額×割増率×時間外（休日，夜間）労働時間＝割増分の額

ウ　審査項目

訴え提起の段階で，下記事項について訴状審査をすることが必要であろう。

(ア)　実質的記載事項（民訴規53条1項・2項）

(イ)　その他の記載事項（民訴規2条・53条4項）

(ウ)　訴額，手数料納付の有無（民訴規3条1項1号）

(エ)　付属書類（民訴規55条の添付書類，同規23条資格証明書，委任状）

(オ)　管轄（民訴法4条等）

(カ)　請求の趣旨と請求原因の対応（計算関係，訴訟物と要件事実の対応，付帯請求の起算日，利率等）（民訴規53条）

(2)　遅延損害金

未払賃金請求の遅延損害金は，年14.6パーセントである（賃確法6条）。

(3)　消滅時効

労働関係請求訴訟のうち，賃金（退職手当を除く，災害補償その他の請求権）の消滅時効期間は，2年であり，退職手当の消滅時効期間は5年である（労基法115条）。なお，これらの短期消滅時効期間は，民法（債権法）が改正されたことにより（2020年4月1日施行），今後，改正されることが予想される。

(4) 基本的な書証の提出

受付段階で，次の基本的書証一覧表を交付して，不足している基本的書証の早期提出を促すことも必要であろう。弁護士または認定司法書士が就いているからといって，必ずしも重要な客観的証拠が提出される訳ではない。裁判所（裁判官から包括的な指示を受けて裁判所書記官が行う。）から，こういう証拠はないかと積極的に働きかけて，早めに出してもらうことが必要であろう。基本的な書証として，次のようなものが考えられるが，事案により異なり，ここに記載した全てのものが必要になる訳ではない。

賃金請求事件

●労働契約の成立・内容
□雇用契約書
□求人広告
□就業規則
□労働条件通知書
□求人票
●賃金額
□過去の給与・賞与等の支払請求書
●時間外手当
□雇用契約書，労働条件通知書
□給与明細書，就業規則（賃金規程），賃金台帳
□超過勤務を証する書面，タイムカード写し，日記，日誌，カレンダー又は手帳のメモ

解雇予告手当請求事件

●労働契約の成立・内容
□雇用契約書，就業規則，求人広告
●平均賃金額
□過去3か月分の給与の支払明細書，離職票
●解雇通告
□解雇通告書，解雇理由書（退職時等証明書）

第1章　簡裁民事事件の特質

●自主退職の場合

□退職願，離職票

(5)　基本的な事実関係の早期把握の必要性

　　早期に確定すべき基本的な事実関係としては，以下のものがあげられる。

ア　労働時間に関する雇用契約の定め

　　具体的には，所定労働時間（始業時間，終業時間，休憩時間），所定休日の日数・内容（法定休日との関係，有給休暇であるかどうか），1時間あたりの賃金額は，雇用契約の内容から技術的に算定可能であるから，当事者間の主張を明確にして，争いのない状態にしておくのが適当である。また，時間外労働等の集計の便宜からも，賃金が何日締めであるかを早期に確認しておくことが相当である。

イ　タイムレコーダー設置の場合，タイムカードの有無，タイムカードによる管理の実情，時間外労働等の実情

ウ　手待時間ないし休憩時間の具体的な業務ないし職務の態様，始業時又は終業時に関する規則の有無

エ　原告の給与額，各種手当の額，被告会社における全体の給与体系，手当の性質（就業規則上の位置づけ，給与明細書上の位置づけ），当該手当の他の従業員への支給の実情（労働事件審理ノート第3版（山口幸雄他，判例タイムズ社）129頁）。

(6)　訴状の受付（管轄）

　　訴状を受け付ける際には管轄を確認することになるが，土地管轄については訴えの提起時を基準にして定まる（民訴法15条）。

ア　被告（相手方）の普通裁判籍（民訴法4条1項），法人の場合（同法4条4項）

　　法人の場合の普通裁判籍は，被告の①主たる事務所又は営業所（一般社団法人及び一般財団法人に関する法律4条，会社法4条）の所在地，②これらがないときは，代表者その他の主たる業務担当者の住所，により定まる。

イ　義務履行地（民訴法5条1号）

　　財産権上の訴えに関しては，義務履行地が特別裁判籍となる。

　　義務履行地については，賃金に関して別段の事情がない限り持参債務の原則（民法484条，商法516条）の適用を排除した上で，慣習上の取立債務としてその義務履行地を使用者である被告の営業所住所地とする裁判例（東京高裁決定昭和38年1月24日）があるため，原告の住所地は別段の

— 24 —

事情がない限り管轄とはならない。ただし、退職金については、賃金の場合とは異なり持参債務の原則を採用し、原告の住所地での管轄を認める裁判例（東京高裁決定昭和60年3月20日）があるので、賃金と混同しないようにする。

(ア) 東京高裁昭和38年1月24日決定要旨

下民集14巻1号58頁、東京高等裁判所判決時報民事14巻1号4頁

給料債権は従業員が営業所において労務に従事し、その代価として給料を請求するものであるから、暗黙の合意がなされたと認められる別段の事情または合意のない限り、民法第484条、商法第516条の適用を排除し、その支払場所は双方に好都合である使用者の営業所であると解するのが相当である。

(イ) 東京高裁昭和60年3月20日決定要旨

東京高等裁判所判決時報民事36巻3号40頁

抗告人（使用者）主張のように退職金が賃金の後払的性格を有するとしても、それは賃金債権のように雇用関係の存続を前提とするものではないから、その支払場所が、賃金債権の場合のように、双方に都合の良い使用者の営業所であると解すべき合理的理由はなく、またそのような事実たる慣習があるものとも認め難く、その他これについて持参債務の原則を規定する民法484条、商法516条の適用を排除すべき理由を見出すことはできない。したがって、抗告人（使用者）の主張は理由がなく採用することができない。

ウ　被告の事務所又は営業所（民訴法5条5号）

被告（自然人を含む）の事務所又は営業所における業務に関する訴えの場合、その事務所または営業所の所在地を管轄する裁判所が管轄裁判所となる。

2　応訴，期日前準備に関する留意事項

被告側の期日前準備に関しては、答弁書・準備書面（請求原因に対する認否、抗弁）の提出・送付があげられるが（民訴法161条、民訴規79条、80条）、簡裁の訴訟手続においては、書面による準備の省略規定がある（同法276条）。しかし、労働関係請求事件では、実務の運用として、例外なく準備書面の提出をしてもらっている（本人訴訟の当事者には「準備書面」のタイトルを記載した書式をあらかじめ手渡すか、送付し、「言い分」を準備書面に記載してもらっている。）。

第2章　簡裁の個別労働関係訴訟の主な争点

第2章　簡裁の個別労働関係訴訟の主な争点

第1　雇用契約（労働者）または請負契約か

　　簡裁の個別労働関係訴訟では，被告（使用者）から労働契約そのものを争い，労働契約ではなく，請負契約または請負契約類似の契約であると主張することが多く，業務委託契約，共同経営としての委任契約であると主張するケースもある。雇用契約であるか否かの認定基準としては，契約の形式のみにこだわらず，実体的な「使用従属関係」の有無を主たる争点とすることとし，その徴表として，①仕事の依頼，業務従事に対する許諾の有無，②業務遂行過程における使用者の指揮監督関係の有無，③時間的，場所的拘束の有無，④業務器具の負担関係（事業者側），⑤報酬の労務対象性（出来高は時間か，課税上の扱い），⑥労務提供の代替性の有無等を考慮するのが一般的である（「労働者」性の判断基準──取締役の「労働者」性について（下田敦）判タ1212号36頁）は，①使用者の指揮監督下において労務を提供したといえるか，②報酬の労務対価性という2点から判断すべきものであるとする。次に紹介する最二小判平成17年6月3日，判タ1183号231頁，関西医科大学事件も同様の基準に立っているとされている（労働事件審理ノート第3版（山口幸雄他，判例タイムズ社）98頁）。

第2　労働者性を争った最高裁裁判例

■ 裁判例1

労働者と認めた最高裁裁判例

　最二小判平17・6・3，関西医科大学事件，民集59巻5号938頁，判タ1183号231頁

■ 判示事項

　　大学病院の研修医であった原告は，被告に雇用された労働者であると認め，最低賃金と同額の賃金を認容した事例

■ 判決要旨

　医師法（平成11年法律第160号による改正前のもの）16条の2第1項所定の臨床研修として病院において研修プログラムに従い臨床研修指導医の指導の下に医療行為等に

従事する医師は，病院の開設者の指揮監督の下にこれを行ったと評価することができる限り，労働基準法（平成10年法律第112号による改正前のもの）9条所定の労働者に当たる。

判　決

最高裁判所第二小法廷　平成17年6月3日判決言渡
判　　　決
主　　　文

本件上告を棄却する。

上告費用は上告人の負担とする。
理　　　由

上告代理人池上健治ほかの上告受理申立て理由について

1　原審の適法に確定した事実関係等の概要は，次のとおりである。

⑴　上告人は，関西医科大学附属病院（以下「本件病院」という。）を開設している学校法人である。

⑵　亡甲野太郎（以下「太郎」という。）と被上告人甲野花子との間の子である甲野一郎（以下「一郎」という。）は，平成10年4月16日に医師国家試験に合格し，同年5月20日に厚生大臣の免許を受けた医師である。一郎は，同年6月1日から本件病院の耳鼻咽喉科において臨床研修を受けていたが，同年8月16日に死亡した。

⑶　本件病院の耳鼻咽喉科における臨床研修のプログラムは，2年間の研修期間を2期に分け，①　第1期（1年間）は，外来診療において，病歴の聴取，症状の観察，検査及び診断の実施並びに処置及び小手術の施行を経験し，技術の習得及び能力の修得を目指すほか，入院患者の主治医を務めることを通じて，耳鼻咽喉科の診療の基本的な知識及び技術を学ぶとともに，医師としての必要な態度を修得する，②　第2期（1年間）は，関連病院において更に高いレベルの研修を行う，というものであった。

⑷　平成10年6月1日から同年8月15日までの間に一郎が受けていた臨床研修の概要は，次のとおりであった。

　ア　午前7時30分ころから入院患者の採血を行い，午前8時30分ころから入院患者に対する点滴を行う。

　イ　午前9時から午後1時30分ないし午後2時まで，一般外来患者の検査の予約，採血の指示を行って，診察を補助する。問診や点滴を行い，処方せんの作成を行うほか，検査等を見学する。

　ウ　午後は，専門外来患者の診察を見学するとともに，一般外来の場合と同様に，

— 27 —

診察を補助する。火曜日及び水曜日には，手術を見学することもある。

エ　午後4時30分ころから午後6時ころまで，カルテを見たり，文献を読んだりして，自己研修を行う。

オ　午後6時30分ころから入院患者に対する点滴を行う。

カ　午後7時以降は，入院患者に対する処置を補助することがある。指導医が不在の場合や，指導医の許可がある場合には，単独で処置を行うこともある。

キ　指導医が当直をする場合には，翌朝まで本件病院内で待機し，副直をする。

⑸　一郎は，本件病院の休診日等を除き，原則的に，午前7時30分から午後10時まで，本件病院内において，指導医の指示に従って，上記のような臨床研修に従事すべきこととされていた。

⑹　上告人は，一郎の臨床研修期間中，一郎に対して奨学金として月額6万円の金員及び1回当たり1万円の副直手当（以下「奨学金等」という。）を支払っていた。上告人は，これらの金員につき所得税法28条1項所定の給与等に当たるものとして源泉徴収を行っていた。

⑺　太郎は，平成17年1月5日に死亡し，被上告人甲野花子及び太郎と被上告人甲野花子との間の子である被上告人甲野二郎がこれを相続した。

2　本件は，被上告人らが，一郎は労働基準法（平成10年法律第112号による改正前のもの。以下同じ。）9条所定の労働者であり，最低賃金法（平成10年法律第112号による改正前のもの。以下同じ。）2条所定の労働者に該当するのに，上告人は一郎に対して奨学金等として最低賃金額に達しない金員しか支払っていなかったとして，上告人に対し，最低賃金額と上告人が一郎に対して支払っていた奨学金等との差額に相当する賃金の支払を求める事案である。

3　研修医は，医師国家試験に合格し，医籍に登録されて，厚生大臣の免許を受けた医師であって（医師法（平成11年法律第160号による改正前のもの。以下同じ。）2条，5条），医療行為を業として行う資格を有しているものである（同法17条）ところ，同法16条の2第1項は，医師は，免許を受けた後も，2年以上大学の医学部若しくは大学附置の研究所の附属施設である病院又は厚生大臣の指定する病院において，臨床研修を行うように努めるものとすると定めている。この臨床研修は，医師の資質の向上を図ることを目的とするものであり，教育的な側面を有しているが，そのプログラムに従い，臨床研修指導医の指導の下に，研修医が医療行為等に従事することを予定している。そして，研修医がこのようにして医療行為等に従事する場合には，これらの行為等は病院の開設者のための労務の遂行という側面を不可避的に有することとなるのであり，病院の開設者の指揮監督の下にこれを行ったと評価することができる限り，上記研修医は労働基準法9条所定の労働者に当たるものというべきである。

これを本件についてみると，前記事実関係によれば，本件病院の耳鼻咽喉科における臨床研修のプログラムは，研修医が医療行為等に従事することを予定しており，一郎は，本件病院の休診日等を除き，上告人が定めた時間及び場所において，指導医の指示に従って，上告人が本件病院の患者に対して提供する医療行為等に従事していたというのであり，これに加えて，上告人は，一郎に対して奨学金等として金員を支払い，これらの金員につき給与等に当たるものとして源泉徴収まで行っていたというのである。

そうすると，一郎は，上告人の指揮監督の下で労務の提供をしたものとして労働基準法9条所定の労働者に当たり，最低賃金法2条所定の労働者に当たるというべきであるから，上告人は，同法5条2項により，一郎に対し，最低賃金と同額の賃金を支払うべき義務を負っていたものというべきである。

これと同旨の原審の判断は，正当として是認することができる。原判決に所論の違法はなく，論旨は採用することができない。

よって，裁判官全員一致の意見で，主文のとおり判決する。
最高裁判所第二小法廷
裁判長裁判官　福田　博　裁判官　滝井繁男　裁判官　津野　修
裁判官　今井　功　裁判官　中川了滋

裁判例2

労働者と認めなかった最高裁裁判例

最一小判平 19・6・28，藤沢労基署長（大工負傷）事件，裁判集民事 224 号 701 頁，判時 1979 号 158 頁，判タ 1250 号 73 頁，労判 940 号 11 頁

判示事項

仕事中に傷害を負ったことから，「労働基準法及び労働者災害補償保険法上の労働者に当たるか否か」が争点となったケースで，同法のいずれの労働者とも認めなかった事例

判決要旨

作業場を持たずに1人で工務店の大工仕事に従事する形態で稼働していた大工が「労働基準法及び労働者災害補償保険法」上の「労働者」に当たらない。

— 29 —

第2章　簡裁の個別労働関係訴訟の主な争点

判　決

最高裁判所第一小法廷　平成19年6月28日判決言渡

判　　　決

主　　　文

本件上告を棄却する。

上告費用は上告人の負担とする。

理　　　由

上告代理人Fほかの上告受理申立て理由（ただし，排除されたものを除く。）について

1　原審の適法に確定した事実関係の概要は，次のとおりである。

⑴　上告人は，作業場を持たずに1人で工務店の大工仕事に従事するという形態で稼働していた大工であり，株式会社K工務店（以下「K工務店」という。）等の受注したマンションの建築工事についてN木材工業株式会社（以下「N木材」という。）が請け負っていた内装工事に従事していた際に負傷するという災害（以下「本件災害」という。）に遭った。

⑵　上告人は，N木材からの求めに応じて上記工事に従事していたものであるが，仕事の内容について，仕上がりの画一性，均質性が求められることから，N木材から寸法，仕様等につきある程度細かな指示を受けていたものの，具体的な工法や作業手順の指定を受けることはなく，自分の判断で工法や作業手順を選択することができた。

⑶　上告人は，作業の安全確保や近隣住民に対する騒音，振動等への配慮から所定の作業時間に従って作業することを求められていたものの，事前にN木材の現場監督に連絡すれば，工期に遅れない限り，仕事を休んだり，所定の時刻より後に作業を開始したり所定の時刻前に作業を切り上げたりすることも自由であった。

⑷　上告人は，当時，N木材以外の仕事をしていなかったが，これは，N木材が，上告人を引きとどめておくために，優先的に実入りの良い仕事を回し，仕事がとぎれないようにするなど配慮し，上告人自身も，N木材の下で長期にわたり仕事をすることを希望して，内容に多少不満があってもその仕事を受けるようにしていたことによるものであって，N木材は，上告人に対し，他の工務店等の仕事をすることを禁じていたわけではなかった。また，上告人がN木材の仕事を始めてから本件災害までに，約8か月しか経過していなかった。

⑸　N木材と上告人との報酬の取決めは，完全な出来高払の方式が中心とされ，日当を支払う方式は，出来高払の方式による仕事がないときに数日単位の仕事をするような場合に用いられていた。前記工事における出来高払の方式による報酬について，

— 30 —

上告人ら内装大工はN木材から提示された報酬の単価につき協議し，その額に同意した者が工事に従事することとなっていた。上告人は，いずれの方式の場合も，請求書によって報酬の請求をしていた。上告人の報酬は，N木材の従業員の給与よりも相当高額であった。

⑹　上告人は，一般的に必要な大工道具一式を自ら所有し，これらを現場に持ち込んで使用しており，上告人がN木材の所有する工具を借りて使用していたのは，当該工事においてのみ使用する特殊な工具が必要な場合に限られていた。

⑺　上告人は，N木材の就業規則及びそれに基づく年次有給休暇や退職金制度の適用を受けず，また，上告人は，国民健康保険組合の被保険者となっており，N木材を事業主とする労働保険や社会保険の被保険者となっておらず，さらに，N木材は，上告人の報酬について給与所得に係る給与等として所得税の源泉徴収をする取扱いをしていなかった。

⑻　上告人は，N木材の依頼により，職長会議に出席してその決定事項や連絡事項を他の大工に伝達するなどの職長の業務を行い，職長手当の支払を別途受けることとされていたが，上記業務は，N木材の現場監督が不在の場合の代理として，N木材から上告人ら大工に対する指示を取り次いで調整を行うことを主な内容とするものであり，大工仲間の取りまとめ役や未熟な大工への指導を行うという役割を期待して上告人に依頼されたものであった。

2　以上によれば，上告人は，前記工事に従事するに当たり，K工務店はもとより，N木材の指揮監督の下に労務を提供していたものと評価することはできず，N木材から上告人に支払われた報酬は，仕事の完成に対して支払われたものであって，労務の提供の対価として支払われたものとみることは困難であり，上告人の自己使用の道具の持込み使用状況，N木材に対する専属性の程度等に照らしても，上告人は労働基準法上の労働者に該当せず，労働者災害補償保険法上の労働者にも該当しないものというべきである。上告人が職長の業務を行い，職長手当の支払を別途受けることとされていたことその他所論の指摘する事実を考慮しても，上記の判断が左右されるものではない。

　　以上と同旨の原審の判断は，正当として是認することができる。論旨は採用することができない。

　　よって，裁判官全員一致の意見で，主文のとおり判決する。

　　（裁判長裁判官・泉　　徳治，裁判官・横尾和子，裁判官・甲斐中辰夫，裁判官・才口千晴）

第3　個人と請負契約や業務委託契約を締結して作業に従事した場合

第 2 章　簡裁の個別労働関係訴訟の主な争点

　　個人と請負契約や業務委託契約を締結して作業に従事しても，労働契約に成るか否かが問題となる。

　　最近，賃金請求の裁判を起こすが，形式的には個人と請負契約や業務委託契約を締結しているケースもある。この場合，相手方は形式的な契約上は事業主であるが，労働（雇用）契約かどうかは，実態として，「使用従属関係」にあるか否かで判断する。

　　「使用従属関係」とは，使用者の指揮監督下で労務を提供し，それにより報酬を受けていることをいう。使用従属関係があるか否かについいては，①仕事の依頼，業務指示等に対する認諾の自由の有無，②業務遂行上の指揮監督関係の有無・内容，③時間的及び場所的拘束性の有無・程度，④労務提供の代替性の有無，⑤報酬の性格・額，⑥業務用機材等機械・器具の負担関係，⑦専属性の程度，⑧使用者の服務規律の適用の有無，⑨公租などの公的負担関係，⑩その他諸般の事情を総合的に考慮した上で判断される（東京高判平成 14 年 7 月 11 日，新宿労働基準監督署長「映画撮影技師」事件，大阪地判平成 11 年 3 月 26 日，禁野産業事件）。

　　したがって，実際は，始業から終業までの勤務が義務付けられ，業務中は発注者の管理職や従業員による作業上の指揮命令を受けているなどの場合は，形式的に請負契約や業務委託契約を締結していたとしても，労働契約と判断されることになる。

裁判例 3

労働者性を認めた簡裁裁判例(1)
　東京簡判平 27・10・29 公刊物未登載

判示事項

　被告が，雇用契約ではなく，委任（共同経営）契約であるとして「労働者性」を争ったが，労働者であると認めた事例

判決要旨

原告は労働者として被告に雇用されたと認め，未払賃金の請求を認容した。

判　決

第3　個人と請負契約や業務委託契約を締結して作業に従事した場合

東京簡易裁判所　平成27年10月29日判決言渡
平成27年（少コ）第1606号　給料支払請求事件（通常手続移行）
判　　決
主　　文

1　被告は，原告に対し，16万1000円及びこれに対する平成27年3月28日から支
　払済みまで年14.6パーセントの割合による金員を支払え。
2　訴訟費用は被告の負担とする。
3　この判決は仮に執行することができる。
事実及び理由

第1　請求
　　主文と同旨
第2　請求原因の要旨
　　原告は，飲食店（居酒屋）を営む被告との間に，平成27年1月27日，雇用契約
　を締結し（時給1000円，給料支払日，毎月15日締め，翌月27日支払），同年3月
　18日まで働いたが，被告は同年2月16日から同年3月18日まで給料を支払わない
　ので，未払給料（25日分，161時間分）の支払を求めるものである。
第3　争点
　　原告は被告と雇用契約を締結したか否か。
第4　当裁判所の判断
1　証拠（甲第1号証ないし第3号証，原告本人，被告代表者）及び弁論の全趣旨に
　よれば，以下の事実が認められる。
　争点について
⑴　被告代表者A（以下「A」という。）の供述によれば，原告とは平成26年2月
　16日に，A居酒屋（以下「本件店」という。）を共同経営する旨口頭で契約を締
　結した旨述べ，本件店の経理もすべて原告に任せ，原告は被告の了解を得ずに他
　の店から勝手に日本酒を仕入れたり，タイムカードも原告がアリバイ作りをする
　ために偽造している旨述べるので，本件契約が雇用契約であるか共同経営として
　の委任契約であるかを，以下検討する。
⑵　証拠及び原告及びAの供述並びに弁論の全趣旨によっても，被告が原告と本件
　店について共同経営としての委任契約をしたことを認めるに足りる証拠はない。
　　かえって，Aは，外国人であり，来日して13年になるが，日本の労働基準法の
　雇用契約の基本的要件である雇用者が被用者を支配し，被用者を監督し，勤務時
　間を管理コントロールする権限を持っていること，その労働の対価として雇用者
　が被用者に賃金を支払うことについての理解が不足していることが認められると

— 33 —

ころ，その反面，現実には，平成26年の2月17日と同月27日（甲第1号証）には，被告が原告に対し，1時間1000円の時給で，自らが給料を支払っていることを自認している。

Aは，原告がAの了承を得ずに勝手に日本酒を他の所から仕入れたりしたこと，Aは本件店にほとんど出勤せず，原告に本件店の経理もすべて任せていたこと，共同経営者である原告に売上げの何パーセントかを支払う旨約束しており，利益が出なくても一定の報酬を支払うことを約束していた旨述べる。

(3) しかしながら，証拠によれば，日々の売上げは原告がその日毎にまとめて管理し，Aが本件店に出た日に釣り銭も含めそれを全部渡していたことが認められること，本件店の資金及び厨房の施設費全額並びに公共料金もすべてAが負担していたこと，原告が被告の役員として登記されていないこと，タイムカードも原告がことさら偽造したことを認めるに足りる何らの証拠がない。原告が日本酒をAに相談せずに仕入れた点も，店員である原告の行動としては，少し勇み足があった感はあるが，原告が本件店の共同経営者でなく，一店長であるとAが認めているからこそ，その点につき，原告にクレームをつけている証拠であるというべきである。

(4) 本件では，雇用者であるAが，被用者である原告を支配し，管理コントロールする権限を持っており，その労働の対価として雇用者が被用者に賃金を支払うべき関係であった。すなわち，被告と原告との間に雇用契約の関係が存在したことについては，優に認めることができる。この認定に反する被告の主張は採用しない。

2 以上の認定事実を基に総合的に判断すると，本件は，被告が原告に対し，本件未払賃金として，16万1000円を支払う義務がある。

3 以上によれば，本件では原告の請求は理由がある。
よって，主文のとおり判決する。

東京簡易裁判所民事第9室

裁判官　岡﨑昌吾

裁判例4

労働者性を認めた簡裁裁判例(2)
東京簡判平15・6・27最高裁ホームページ下級

第3　個人と請負契約や業務委託契約を締結して作業に従事した場合

判示事項

　被告が，雇用契約ではなく，マッサージ師としての個人事業者としての契約であるとして「労働者性」を争ったが，労働者であると認めた事例

判決要旨

マッサージ師である原告らは労働者として被告に雇用されたと認め，未払賃金および解雇予告手当金の請求を認容した。

判　決

東京簡易裁判所　平成 15 年 6 月 27 日判決言渡

平成 15 年㈨第 5096 号　賃金等請求事件

判　　　決

主　　　文

1　被告は，原告Aに対し，金 26 万 1868 円並びに内金 13 万円に対する平成 15 年 1 月 11 日から支払済みまで年 14.6 パーセントの割合による金員及び内金 13 万 1868 円に対する平成 14 年 12 月 21 日から支払済みまで年 5 パーセントの割合による金員を支払え。

2　被告は，原告Bに対し，金 32 万 6125 円並びに内金 16 万 1290 円に対する平成 15 年 1 月 11 日から支払済みまで年 14.6 パーセントの割合による金員及び内金 16 万 4835 円に対する平成 14 年 12 月 21 日から支払済みまで年 5 パーセントの割合による金員を支払え。

3　原告らのその余の請求を棄却する。

4　訴訟費用は，これを 5 分し，その 1 を原告らの負担とし，その余を被告の負担とする。

事実及び理由

第1　請求

1　被告は，原告Aに対し，金 33 万 1868 円並びに内金 20 万円に対する平成 15 年 1 月 11 日から支払済みまで年 14.6 パーセントの割合による金員及び内金 13 万 1868 円に対する平成 14 年 12 月 21 日から支払済みまで年 5 パーセントの割合による金員を支払え。

2　被告は，原告Bに対し，金 41 万 483 円並びに内金 25 万円に対する平成 15 年 1 月 11 日から支払済みまで年 14.6 パーセントの割合による金員及び内金 16 万 4835 円に

— 35 —

対する平成14年12月21日から支払済みまで年5パーセントの割合による金員を支払え。

第2　事案の概要

1　原告Aの請求原因の要旨

(1)　賃金請求について

ア　原告Aは，平成13年10月20日，被告との間で，基本給，月給最低保障20万円，支払日，毎月末日締め翌月10日払の約定で労働する契約を締結した。

イ　原告Aは，上記労務に服したが，被告は，平成14年12月1日から同月20日までの賃金20万円を支払わない。

ウ　原告Aは，平成14年12月20日，被告を退職した。

(2)　解雇予告手当請求について

ア　第2，1，(1)，アのとおり

イ　被告は，平成14年12月10日，原告Aに対し，同月20日で解雇する旨の意思表示をした。

ウ　原告Aの解雇前3か月間（平成14年9月1日から同年11月30日までの91日間）の賃金の合計額は60万円であるから，被告は，原告Aに対し，予告期間の不足する20日分の平均賃金に相当する13万1868円の解雇予告手当を支払う義務がある。

2　原告Bの請求原因の要旨

(1)　賃金請求について

ア　原告Bは，平成14年4月1日，被告との間で，基本給，月給最低保障25万円，支払日，毎月末日締め翌月10日払の約定で労働する契約を締結した。

イ　原告Bは，上記労務に服したが，被告は，平成14年12月1日から同月20日までの賃金25万円を支払わない。

ウ　原告Bは，平成14年12月20日，被告を退職した。

(2)　解雇予告手当請求について

ア　第2，2，(1)，アのとおり

イ　被告は，平成14年12月10日，原告Bに対し，同月20日で解雇する旨の意思表示をした。

ウ　原告Bの解雇前3か月間（平成14年9月1日から同年11月30日までの91日間）の賃金の合計額は，75万円であるから，被告は，原告Bに対し，予告期間の不足する20日分の平均賃金に相当する16万4835円の解雇予告手当を支払う義務がある。

3　被告の主張

被告と原告らは，雇用関係にはない。原告らは，マッサージ師という個人事業主であり，被告は場所を提供しているに過ぎない。客がマッサージ師である原告らに料金を支払い，原告らは，その中から，場所代として，歩合制により一定割合を被告に支払うシステムである。原告らに支払う報酬も税込みで支払っており，源泉徴収をしていない。したがって，被告は，原告らに対し，解雇予告手当を支払う義務はない。

4　争点

⑴　原告らと被告との契約は，雇用契約であったか，それとも個人事業者としての契約であったか。

⑵　被告の原告らに対する未払報酬の額はいくらか。

⑶　原告らは，被告に対し，解雇予告手当を請求することができるか。

第3　争点に対する判断

1　争点⑴について

⑴　証拠によれば，次の事実が認められる。

　　ア　被告は，マッサージ師等を募集するに当たって，「医道の日本」に求人広告を出したが，その紙面には，給与面について「給与：歩合制，固定給＋歩合制等有，最低保障25万〜40万／月，待遇：昇給制有」等と掲載されていること。

　　イ　原告らの勤務時間は，それぞれ特定の時間帯が約定されていること。

　　ウ　勤務の場所は，東京都新宿区甲a丁目b番c号乙ハイツ5階で，原告らは出勤すると同所で待機し，客がくる都度，原則としてローテーションで接客に当たったこと。

　　エ　客が支払った料金は，歩合制により原告らが6割を，被告が4割をそれぞれ取得したこと。

　　オ　来客がなかった場合は，勤務形態により月単位，日単位又は時間単位による最低保障額が約束されていたこと。

　　カ　原告らは，客の求めによっては，鍼を使用することもあったが，その鍼は被告が用意していたこと。

　　キ　原告らの所得に対しては，被告による源泉徴収は行われず，原告らが個人で税務申告をしていたこと。

⑵　上記のアないしカの事実によれば，原告らは，被告の管理のもとに業務を遂行していたのであり，被告と原告ら間には，使用従属関係があったと認められるから，原告らは，労働者として，被告に雇用されたと認めるのが相当である。

　　なお，報酬が歩合制であったことは，雇用契約と認定することの妨げとはならない。また，原告らの所得に対して被告による源泉徴収が行われず，原告らが個

人で税務申告をしていた事実は，被告の個人事業者であるとの主張に有利に働く事実ではあるが，被告が源泉徴収を行わなかったために，原告らが個人として税務申告をしたと推認できるから，この事実があるからといって，上記認定を妨げるものではない。

2　争点(2)について

(1)　原告Aの請求について

原告Aは，平成14年12月分の未払賃金について，出勤日は12月20日までであったが，出勤日数は前月と変わらないから1か月の最低保証額である20万円（争いがない。）を請求する旨主張するが，出勤日数が前月と変わらない事実を認めるに足りる証拠はない。

そうすると，1か月の最低保証額である20円を日割計算することになるが，被告は13万円の限度で支払義務があることを認めており，この額は日割計算の額を超えるから，被告の原告Aに対する未払賃金の額は13万円となる。

(2)　原告Bの請求について

原告Bは，平成14年12月分の未払賃金として，1か月の最低保証額である25万円（争いがない。）を請求する旨主張するが，弁論の全趣旨によれば，同人は，12月は20日までしか稼働していないことが認められるから，日割計算をすることとなり，その額は16万1290円（25万円×20日÷31日）となる。したがって，被告は，原告Bに対し，賃料として上記金額を支払う義務がある。

3　争点(3)について

(1)　証拠によれば，次の事実が認められる。

被告は，原告らが所属していた丙事業部の業績が上がらないため，平成14年12月20日をもって同事業部を閉鎖することとし，同年12月10日に，原告らに対し，その旨告知したことが認められる。

(2)　被告と原告らの契約が雇用契約であり，原告らが労働者と認められることは上記のとおりであるから，被告による上記丙事業部閉鎖の告知は，解雇の予告と認めるのが相当であり，原告らは，被告に対し，予告期間の不足する20日分の解雇予告手当を請求することができるというべきである。

(3)　原告Aの請求について

原告Aの解雇前3か月間の報酬の総額が60万円であることは当事者間に争いがないから，その期間の総日数である91日で除した平均賃金の20日分の額は，13万1868円となる（60万円÷91×（30－10））。

したがって，被告は，原告Aに対し，解雇予告手当として上記金額を支払う義務がある。

第3　個人と請負契約や業務委託契約を締結して作業に従事した場合

⑷　原告Bの請求について

　　原告Bの解雇前3か月間の報酬の総額が75万円であることは当事者間に争いがないから，その期間の総日数である91日で除した平均賃金の20日分の額は，16万4835円となる（75万円÷91×（30－10））。

　　したがって，被告は，原告Bに対し，解雇予告手当として上記金額を支払う義務がある。

4　以上によれば，被告は，原告Aに対しては，賃金の未払分13万円及び解雇予告手当13万1868円の合計26万1868円並びに遅延損害金を，原告Bに対しては，賃金の未払分16万1290円及び解雇予告手当16万4835円の合計32万6125円並びに遅延損害金をそれぞれ支払う義務がある。

　　よって，原告らの請求は，主文1項及び2項の限度で理由があるから，主文のとおり判決する。

東京簡易裁判所民事第1室

裁判官　若生朋美

裁判例5

労働者性を認めた簡裁裁判例⑶
　東京簡判平20・7・8最高裁ホームページ下級

判示事項

　被告が，雇用契約ではなく，ホステスとしての個人事業主との請負類似の契約であるとして「労働者性」を争ったが，労働者であると認めた簡裁の事例

判決要旨

　銀座のホステスとして稼働していた原告が賃金を請求したのに対し，被告が原告・被告間の契約は雇用契約ではなく，報酬額を月ごとの純売上高に応じて定める請負類似の契約であり，かつ，店則に基づく様々な控除をすると，原告に支払うべき金員は請求額より少ないと争ったのに対し，原告は労働者として被告に雇用されたと認定した上，未払賃金の一部カットおよび遅刻ペナルティー分の控除は認容したが，福利厚生費及び所得税源泉所得税の控除は認めなかった。

— 39 —

第2章　簡裁の個別労働関係訴訟の主な争点

判　決

東京簡易裁判所　平成 20 年 7 月 8 日判決言渡

平成 20 年（少コ）第 66 号　賃金等請求事件（通常手続移行）

判　　決

主　　文

1　被告は原告に対し，金 34 万 9250 円を支払え。

2　原告のその余の請求を棄却する。

3　訴訟費用はこれを 10 分し，その 9 を被告の負担とし，その余を原告の負担とする。

4　この判決は，第 1 項に限り仮に執行することができる。

事実及び理由

第1　請求の趣旨

　　被告は，原告に対し，金 38 万 6250 円を支払え。

第2　事案の概要

　　本件は，被告が経営する銀座のクラブ店舗においてホステスとして稼働していた原告が，雇用契約に基づく未払賃金を請求したのに対し，被告が，原告被告間の契約は雇用契約ではなく，報酬額を月ごとの純売上高に応じて定める請負類似の契約であり，店則に基づく様々な控除をすると原告に支払うべき金員は請求額より少ない，として争う事案である。

1　請求原因の要旨

⑴　原告は，平成 19 年 7 月 18 日，賃金額日給 3 万円，賃金支払日毎月 10 日締め当月 25 日払いの条件で，被告会社にホステスとして雇用され，同日から勤務した。

⑵　原告は 8 月 1 日から 28 日までの間に 15 日間勤務し，合計 3.5 時間分の残業（残業代 1 時間あたり 7,500 円）も行い，この間（8 月分）の賃金額は 47 万 6,250円（日給 30,000 円 × 15 日 + 残業代 7,500 円 × 3.5 時間）である。

⑶　前記賃金額から，前払金として受領済みの 9 万円を控除した残額 38 万 6,250 円（476,250 円 − 90,000 円）の支払を求める。

2　争いのない事実及び前提事実

⑴　原告が，平成 19 年 7 月 18 日から同年 8 月 28 日まで，被告経営の銀座のクラブ店舗においてホステスとして稼働したこと，8 月 1 日から 28 日まで（8 月分）の勤務日数が 15 日間であること，この間の残業時間が少なくとも 2 時間あること，遅刻が 4 回（合計 1 時間分）あること，前払金として受領済みの金員が 9 万円あること，並びに，被告が原告に支払うべき 8 月分の金員が少なくとも 16 万 9200

円あり，これが未払であること，は当事者間に争いがない。

⑵　平成19年7月分として，日給保証額3万円，出勤日数9日で計算された賃金27万円から，遅刻ペナルティー1万5000円，互助会費及び福利厚生費各1万5000円，前払金9万円，源泉所得税2万7000円の合計16万2000円が控除され，10万8000円が原告に支払われた（甲2）。

3　本件の争点及び争点についての当事者の主張要旨

⑴　本件契約は雇用契約か請負類似の契約か

（被告の主張要旨）

本件契約は雇用契約ではなく，月ごとの原告の純売上高に応じてその報酬額を定める，請負類似の契約である。

（原告の主張要旨）

勤務条件として出勤時間，退勤時間が定められ，勤務中は被告の指揮・命令に服することを求められ，提供した労働の対価として賃金支払を受けていたので，実態は雇用契約であって請負ではない。

⑵　原告に対する日給保証額は3万円か2万8000円か

（被告の主張要旨）

原告への1日の報酬額は，月間の純売上高に応じて定められ，純売上高が10万円未満の場合は2万8000円，10万円以上20万円未満の場合は3万円，20万円以上30万円未満の場合は3万2000円である。8月分の純売上高は10万円未満であったので，1日2万8000円の15日分として計算すべきである。

⑶　残業時間及び残業代の時間あたり単価

（被告の主張要旨）

残業時間は2時間であり，残業代の時間あたり単価は，店則等に基づき，1時間につき3000円とすることで合意した。

（原告の主張要旨）

残業時間は3.5時間であり，残業代の時間あたり単価は，日給保証額3万円を勤務時間4時間で割った7500円とすべきである。

⑷　遅刻ペナルティー名目での控除

（被告の主張要旨）

店則に基づき，遅刻15分につき2800円を，遅刻ペナルティーとして支給額から控除することを合意した。

（原告の主張要旨）

争う。

⑸　同伴ペナルティー名目での控除

（被告の主張要旨）

　　店則に基づき，原告は，月4回，顧客を同伴して出勤する義務があり，これを履行しない場合は，1回につき1日分の報酬相当額（日給保証額）をペナルティーとして支給額から控除することを合意した。

（原告の主張要旨）

　　争う。

⑹　福利厚生費・互助会費名目での控除

（被告の主張要旨）

　　店則に基づき，厚生費（化粧品代・薬代・会食代など）として1ヶ月につき1日の報酬額の50パーセント，互助会費（慶弔費・見舞金・旅行代など）として1ヶ月1万5000円を支給額から控除することを合意した。

（原告の主張要旨）

　　争う。

第3　当裁判所の判断

1　争点⑴（本件契約は雇用契約か請負類似の契約か）について

　　証拠（証人A，原告本人）によれば，被告店舗は従業員・ホステスが20名余り在籍する銀座のクラブであり，原告の勤務時間は午後8時から12時までと定められ，指名客以外の客への接客担当ホステスは，店のママであるAら店側の指示により決められ，原告には選択の余地がなかったことが認められる。このような原告の稼働実態に照らすと，原告には，請負人として被告から委託された接客業務を提供するというような独立の立場は認められず，被告ないしその意を受けた管理者からの指示に従って労務を提供する労働者であるとみるのが相当である。したがって，本件の契約を請負類似の契約であるとする被告の主張は採用できない。

2　争点⑵（原告に対する日給保証額は3万円か2万8000円か）について

　　証拠（乙1・稟議書，原告本人）によれば，原告は被告に入店する際に被告の採用担当者である訴外Bから面接を受け，原告の日給保証額を，月間の純売上高に連動して，これが10万円未満の場合は2万8000円，10万円以上20万円未満の場合は3万円，20万円以上30万円未満の場合は3万2000円とする旨の説明を受けたものと認められる。この点に関し，原告は，月間の純売上高が入店後3ヶ月間10万円未満の状態が続いた場合には減額するが，それまでは日給3万円を保証するとの約束があったと主張するが，これを認めるに足りる証拠はなく，原告の主張は採用できない。したがって，原告に対する日給保証額は2万8000円と認めるのが相当である。

3　争点⑶（残業時間及び残業代の時間あたり単価）について

残業時間は，証拠（乙11の2・タイムカード）によれば8月21日の1時間34分，同24日の1時間26分の合計3時間と認められる。

残業代の時間あたり単価については，被告は，入店の際に原告に示して説明した店則（乙5）に1時間につき3000円と定め，別途店の従業員用トイレの中にも同旨の貼り紙（乙6）をして周知していたと主張するが，原告はこれをすべて争っており，被告の主張を認めるに足りる証拠はない。そうすると，日給保証額2万8000円を勤務時間4時間で割った7000円に，労働基準法37条1項による2割5分の割増加算をした8750円（¥28,000 ÷ 4 × 1.25）を1時間あたりの単価と解すべきである。以上によれば，残業代は2万6250円（¥8,750 × 3）と認めるのが相当である。

4　争点(4)（遅刻ペナルティー名目での控除）について

遅刻が4回，合計1時間分あることは当事者間に争いがない。被告は店則に基づき，遅刻15分につき2800円を，遅刻ペナルティーとして支給額から控除することを合意したと主張し，原告も入店の際に同旨の説明を聞いたことを認めている。

たしかに，遅刻はその間の労務が提供されていないことになるので，有給休暇等として認められない限りは，いわゆるノーワーク・ノーペイの原則に照らせばその間の賃金を減額控除することは正当と認められる。しかし，その場合の減額は労務不提供の割合に応じたものであるべきであり，本件では日給保証額を勤務時間で割った1時間あたりの賃金額7000円（¥28,000 ÷ 4）を基準に考えるべきである。

そうすると，本件で遅刻を理由とする減額が認められるのは，遅刻1時間分に相当する7000円となる。これを超える遅刻15分につき2800円，1時間につき1万1200円を減額する旨の合意は，労務の不履行に対する違約金又は損害賠償を予定することを禁じている労働基準法16条に抵触し，無効と解さざるを得ず，この合意を前提とする被告の主張は認められない。

5　争点(5)（同伴ペナルティー名目での控除）について

被告は，店則に基づき，月4回の同伴出勤義務を履行しない場合は，1回につき1日分の報酬相当額（日給保証額）をペナルティーとして支給額から控除することを合意したと主張するが，原告はホステスとして稼働するのは被告の店が2軒目であり，同伴ペナルティーのシステム自体は知っていたが，当初3ヶ月間は同伴義務はないとの説明を受けた，として争っている。

この同伴義務は，店における接客という本来の労務に付随する集客義務と解されるが，これを履行しない場合に一定のペナルティーを課して賃金から控除するということは，労務の不履行に対する違約金又は損害賠償を予定することを禁じている労働基準法16条に抵触し，無効と解さざるを得ず，この合意を前提とする被告の主張は認められない。

第2章　簡裁の個別労働関係訴訟の主な争点

6　争点(6)（福利厚生費・互助会費名目での控除）について

被告は，店則に基づき，厚生費（化粧品代・薬代・会食代など）として1ヶ月につき1日の報酬額の50パーセント，互助会費（慶弔費・見舞金・旅行代など）として1ヶ月1万5000円を支給額から控除することを合意したと主張するが，原告はこれを争っている。

賃金は，通貨で，直接労働者に，全額を支払わなければならないのが原則であり（労働基準法24条1項），法令又は労働協約に別段の定めがある場合に一部控除が認められるに過ぎない。

また，労働者の自由意思による同意に基づいて賃金と相殺することが許される場合はあり得るが，本件ではそのような同意があったことを認めるに足りる証拠はない。さらに，化粧品代・薬代・会食代・慶弔費・見舞金・旅行代等の福利厚生費・互助会費の具体的費目の内訳をみると，本来会社が負担すべき福利厚生のための費用や互助的・自主的な積立金としての性格のお金であり，原告がこれらの費目により実際の恩恵を受けた事実も認められないことを併せ考慮すると，原告がこれらの支払義務を認め，賃金と相殺することについて原告の自由意思による同意があったと認めるに足りる合理的な理由は見出し難いといわなければならない。

以上によれば，本件において，原告の賃金から被告主張の福利厚生費・互助会費を控除する正当な理由はないといわなければならず，この合意を前提とする被告の主張は認められない。

7　まとめ

以上のとおりであるから，原告の請求のうち，本件の契約が雇用契約であることを前提として，日給保証額2万8000円とする15日間分の42万円及び残業代2万6250円の合計額44万6250円から，遅刻による減額分7000円及び前払金として受領済みの9万円を控除した残額34万9250円の支払いを求める部分は理由があるからこれを認容することとし，その余の部分は理由がないからこれを棄却することとする。

なお，使用者たる被告の源泉所得税徴収義務については，賃金額が確定し現実に賃金を支払った時に発生するものであり，税徴収の方法として認められるに過ぎないから，本件のような，賃金債権の存否自体が係争の目的である場合にその額を確定して支払を命ずる判決においては，これを控除すべきでないと解する。

よって，主文のとおり判決する。

東京簡易裁判所民事第9室

裁判官　藤岡謙三

第3　個人と請負契約や業務委託契約を締結して作業に従事した場合

裁判例6

1日の勤務時間内の欠勤でも，実働分の時間単位の賃金支払義務を認めた簡裁裁判例
　相模原簡判平 22・11・16 公刊物未登載

判決要旨

　　たとえ1日の勤務時間内の中途の欠勤であっても，働いた分に対する対価としての賃金は発生すると解すべきであり，時間単位の労働に対しては賃金を支払う義務があり，原告の主張する5月7日の途中までの賃金3000円の主張は相当な範囲であるとして，原告の請求額全額を認めた。

判　決

相模原簡易裁判所　平成 22 年 11 月 16 日判決言渡
平成 21 年㈪第 1017 号　賃金請求事件
判　　　決
主　　　文

1　被告は，原告に対し，1 万 7838 円を支払え。
2　訴訟費用は被告の負担とする。
3　この判決は仮に執行することができる。

事実及び理由

第1　請求
　　主文と同旨
第2　請求の趣旨の変更
　　原告は，当初，「被告に対し，1 万 8839 円を支払え。」と請求していたが，第 2 回口頭弁論期日において，被告からの前払金が 1 万 3000 円であったことを認めた上，請求の趣旨を，「被告は，原告に対し，金 1 万 7838 円を支払え。」と請求の減縮をした。
第3　請求原因の要旨
1　原告は，被告で平成 22 年 5 月 4 日，5 日，6 日，7 日の途中まで次の条件で働いた。
　⑴　契約日　　平成 22 年 5 月 4 日
　⑵　業務内容　風俗店の接客及びティッシュ配り
　⑶　日給　　　1 万 1000 円（基本給 1 万円，各種手当 1000 円）
　⑷　勤務日数　平成 22 年 5 月 4 日，5 日，6 日，7 日の途中まで（3 時間くらい）

— 45 —

第2章　簡裁の個別労働関係訴訟の主な争点

(5)　前払金の額　1万3000円

2　よって，5月4日1万1000円，同月5日1万1000円，同月6日1万1000円，同月7日3000円の合計3万6000円から前払金1万3000円を控除した2万3000円から家賃分5161円（内訳：家賃4万円÷31日＝1290.32円×4＝5161.29円）を控除した1万7838円の支払いを求める。

第4　当事者間に争いのない事実及び弁論の全趣旨により容易に認められる事実

1　日給が1万1000円（基本給1万円，各種手当1000円）であること

2　前払金が1万3000円であること

第5　争点

被告は，原告に対し，5月7日は，賃金を支払う義務があるか。

第6　当裁判所の判断

1　弁論の全趣旨によれば，以下の事実が認められる。

(1)　被告代理人H（以下「H」という。）の陳述によれば，被告会社では，本来長期で働いてくれる者を募集しており，採用して3，4日で辞める者に対しては賃金を支払わないと，面接のときに本人に言っている。原告も採用面接のときは，3，4日で辞めることなど一言も言っていなかった。ましてや，4日目の5月7日は，原告は途中で仕事を辞めており，賃金の支払対象にはならないと述べる。

(2)　原告の陳述によれば，被告で主にティッシュ配りをしていたと述べるが，被告の店が予想以上に汚かったので辞めたと述べる。Hの陳述では，被告は短期間の労働契約を嫌い，ましてや，採用して3，4日で辞めていく者に対しては，賃金も支給しないと述べる。しかしながら，労働基準法上，日給制で雇った者に対して途中で辞めたからといって無賃金という主張は理由がない。その証拠に被告も本件では勤務日数に応じた5月4日，5日，6日は日給1万1000円の3日分として，3万3000円の支払義務を認めており，原告がそこから前払金として1万3000円を受け取っていることは，本件口頭弁論期日で認め，当事者間に争いがないことであるから，未払賃金から4日分の家賃5162円を控除した1万4838円が被告の未払賃金の主張である。

(3)　しかしながら，原告の陳述によれば5月7日は途中まで，時間にして3時間くらいは働いたと述べており，そのことは，被告の責任者も知っていることだと述べるところ，被告は賃金の支払義務は発生しないと述べる。

しかしながら，たとえ1日の勤務時間中であっても，働いた分に対する対価としての賃金は発生すると解すべきであり，時間単位の労働に対しては賃金を支給する義務はないとする被告の主張は失当である。したがって，原告の主張する5月7日の途中までの賃金3000円の主張は相当な範囲であり，被告は，原告に対

— 46 —

し，3000円を支払う義務があると解するのが相当である。

2　したがって，この事実を基に判断すると，原告の請求は理由がある。

よって，主文のとおり判決する。

相模原簡易裁判所

裁判官　岡﨑昌吾

第4　時間外手当請求事件の典型的な争点
労基法37条が適用される場合の割増賃金の額（請求原因）
1　基本的な概念

　雇用契約において，労働時間の開始時と終了時を示すものとして，「始業時」と「終業時」が定められている。これら始業時から終業時までの時間は「所定就業時間」であり，この時間から休憩時間を差し引いた時間が「所定労働時間」となる。この就業時間にどのような状態であるべきか等は，基本的に雇用契約によって定められている。

　一方，労基法は，休憩時間を除いて1日に8時間を超えて労働させてはならず，1週間について40時間を超えて労働させてはならない旨規定している（同法32条）が，ここでいう労働時間は，休憩時間を除いた時間であり，労働者に労働させる実労働時間である。この規制の対象となる労働時間は，雇用契約によって定められている所定労働時間と一致するとは限らない。雇用契約に定める始業時間の機械点検等が使用者の指揮監督下で義務的に行われるときは，労働時間の起算点は始業時間前に遡る。

　次に，「休日」とは，労働者が労働義務を負わない日であり，行政解釈は，暦日1日の週休制と解釈している。労基法は，毎週少なくとも1日の休日を与えなければならないと規定している（労働事件審理ノート第3版（山口幸雄他，判例タイムズ社）119頁）。

　「時間外労働」とは，1日又は1週の法定労働時間を超える労働である。「休日労働」とは，法定休日（労基法35条1項によって規制されている休日）における労働である。時間外労働として規制される労働時間は，所定労働時間に付け加えられた労働時間における法定労働時間を超える部分である。以上から，法定外休日（週休2日制における1日の休日や週休日でない祝日休日）の労働は，休日労働には該当しない（もとより，その法定外休日の労働により週40時間以上の労働になれば，時間外労働になる。）し，法定労働時間の範囲内での残業（雇用契約上，休憩時間を除いて1日7時間労働の場合には，4時間残業しても，時間外労働は3時間のみである。）は，時間外労働に該当しない。

第2章　簡裁の個別労働関係訴訟の主な争点

　なお，法定労働時間の範囲内での残業の賃金額は，雇用契約で定められた合意の内容に従った賃金額が支払われるのが原則となる。もし仮に雇用契約中に，残業時間の賃金額に関する合意がない場合には，当事者の合意の解釈として，時間外労働の計算の基礎となる1時間あたりの賃金額（割増をしない額）とする例が多い（労働事件審理ノート第3版（山口幸雄他，判例タイムズ社）119頁，労働関係訴訟リーガル・プログレッシブ・シリーズ（渡辺弘，青林書院）178頁）。

2　労働時間の範囲（請求原因）

(1)　労働時間の始期と終期

　労働時間についての行政解釈は，「労働者が使用者の指揮監督下にある時間」と定義している。最一小判平成12年3月9日民集54巻3号801頁，判タ1029号161頁・三菱重工長崎造船所事件は，「<u>労基法上の労働時間とは，労働者が使用者の指揮命令下に置かれている時間をいい，この労働時間に該当するか否かは，労働者の行為が使用者の指揮命令下に置かれたものと評価することができるか否かにより客観的に定まるものであって，</u>（下線筆者）労働契約，就業規則，労働協約等の定めのいかんにより決定されるべきものではない。」と判断している。

(2)　タイムレコーダーが設置されていない職場での労働時間数の算定

　残業代の認定は一般的に複雑で困難な訴訟類型になる。使用者（被告）は，労働時間を把握管理する責任を負っている。通常，タイムレコーダーが設置されている職場では，タイムカードの記録が非常に重要である。しかしながら，簡裁に提起される賃金請求訴訟，時間外手当請求訴訟では，使用者（被告）が零細で個人企業であることが非常に多く，タイムレコーダーが設置されておらず，タイムカードで時間数を算定することが困難なことが多いのが実情である。

　一般的に，タイムカード及び出勤簿等の労働時間数を客観的に証明できる証拠がない場合，学説及び地裁の裁判例ともそれに沿う証拠がない場合は，時間外手当を認めることに消極的な傾向があるが，零細企業の使用者（被告）となることが多い簡裁では，本来，使用者（被告）である代表者が労働者の勤務時間を管理把握する責任を負う立場の者が，自ら管理する責務を果たそうとしない場合，裁判所が法定時間外の労働時間数を算定することが困難なことが多い。

　そのため，簡裁では，他に客観的な証拠がない場合，労働者（原告）が緊急非難的に作成したカレンダー等，日記，手帳，メモ帳等に残業時間を記録

— 48 —

していた場合は，これを有力な記録として時間外労働時間の認定をする傾向
がある。［裁判例 9］や［裁判例 11］がそれに当たる。

　ただし，タイムカードほどの客観性は担保されていないが，裁判所が，原
告が残業した事実の心証が取れれば，立証責任がある労働者（原告）が作成
した手帳に記載した日々の残業時間を記載したメモも一定の証拠になるとす
るのが，実務上の大方の見解である。ただし，必ずしも原告が記載した残業
時間が，業務との関連性が明白であるとはいえず，日々の残業時間をきちん
と書いているとは限らないから，メモの証明力は，事案に応じて，推認力が
減殺されることがあるのはやむを得ない。

　原告が作成した残業時間のメモに一定の証明力があるとの見解は良いとし
ても，日々の法定時間外の残業時間を算出していくのは困難であると思われ
る。そこで，被告には，労働者の勤務時間の管理義務を負う使用者が，タイ
ムレコーダーがないとの理由で，その義務を果たさないことには重大な問題
があり，場合によっては，付加金の負担も負わされるおそれがあること，原
告には，原告作成のメモのみでは証明力に問題があることを指摘し，双方と
もに厳しいことを説明し，和解を勧告するのが相当である事案もある。

裁判例 7

マンションの住込み管理員（夫婦）の不活動時間を労働時間として認めた最高裁裁判例
　最二小判平 19・10・19，大林ファシリティーズ（オークビルサービス）事件，民集 61
巻 7 号 2555 頁，判タ 1255 号 146 頁，判時 1987 号 143 頁，労判 946 号 31 頁

判示事項

　一定の時間は，管理員室の隣の居室に居て実作業に従事していない時間を含めて，
その間，管理員が使用者の指揮命令下に置かれていたものであり，労働基準法 32
条の労働時間に当たると認め，時間外手当の賃金の一部を認容した。

判決要旨

1　マンションの住み込み管理員が所定労働時間の開始前及び終了後の一定の時間に断
　続的な業務に従事していた場合において，①使用者は，上記一定の時間内の各所定の
　時刻に管理員室の照明の点消灯，ごみ置場の扉の開閉，冷暖房装置の運転の開始及び
　停止等の業務を行うよう指示していたこと，②使用者が作成したマニュアルには，管

理員は所定労働時間外においても，住民等から宅配物の受渡し等の要望が出される都度，これに随時対応すべき旨が記載されていたこと，③使用者は，管理員から定期的に業務の報告を受け，管理員が所定労働時間外においても上記要望に対応していた事実を認識していたことなど判示の事実関係の下では，上記一定の時間は，管理員室の隣の居室に居て実作業に従事していない時間を含めて，その間，管理員が使用者の指揮命令下に置かれていたものであり，労働基準法32条の労働時間に当たる。

2　マンションの住み込み管理員である夫婦が雇用契約上の休日である土曜日も使用者の指示により平日と同様の業務に従事していた場合において，使用者は，土曜日は1人体制で執務するよう明確に指示し，同人らもこれを承認していたこと，土曜日の業務量が1人では処理できないようなものであったともいえないことなど判示の事情の下では，土曜日については，同人らのうち1人のみが業務に従事したものとして労働時間を算定するのが相当である。

3　マンションの住み込み管理員が土曜日を除く雇用契約上の休日に断続的な業務に従事していた場合において，使用者が，管理員に対して，管理員室の照明の点消灯及びごみ置場の扉の開閉以外には上記休日に業務を行うべきことを明示に指示していなかったなど判示の事実関係の下では，使用者が上記休日に行うことを明示又は黙示に指示したと認められる業務に現実に従事した時間のみが労働基準法32条の労働時間に当たる。

判　決

最高裁判所第二小法廷　平成19年10月19日判決言渡

判　　　決

主　　　文

原判決のうち上告人敗訴部分を破棄する。

前項の部分につき，本件を東京高等裁判所に差し戻す。

理　　　由

上告代理人Kほかの上告受理申立て理由について（略）

1　本件は，亡夫と共にマンション管理員として住み込みで勤務していた被上告人が，両名は時間外労働及び休日労働を行ったのに就業規則所定の割増手当の一部が特別手当として支払われたにとどまると主張して，上告人に対し，上記の割増手当の残額等の支払を求める（亡夫の分についてはその相続人として）事案である。

2　原審の確定した事実関係等の概要は，次のとおりである。

（1）当事者等

　ア　株式会社A（以下「本件会社」という。）は，ビル環境衛生管理，ビル等の警

備，マンションの総合管理等を事業内容とする会社であったが，平成17年7月1日，上告人に吸収合併され，上告人が本件会社の権利義務を承継した。

イ　乙川一郎（以下「一郎」という。）及び被上告人（以下，両名を併せて「被上告人ら」という。）は，夫婦であり，後記(3)のとおり，共に本件会社に雇用されていたが，一郎は平成12年6月27日死亡し，同人の本件会社に対する賃金支払請求権は被上告人が相続した。

(2)　本件会社と管理組合との間の管理委託契約

ア　本件会社は，東京都北区所在のマンション「NB」（以下「本件マンション」という。）の管理組合から，本件マンションの管理業務の委託を受けていた（以下，同委託に係る契約を「本件管理委託契約」という。）。

なお，本件マンションは，鉄筋コンクリート造13階建であり，1階及び2階はスーパーマーケット等の店舗及び会社事務所として賃貸され（以下，この賃貸部分を「テナント部分」という。），3階から13階までの住戸部分（126戸）はすべて分譲されている。

イ　本件管理委託契約においては，管理員の業務の実施態様につき，管理員は住み込みとすること，その執務時間は午前9時から午後6時までとすること，休日は日曜日，祝日及び管理員の有給休暇（忌引，夏期休暇及び年末年始休暇を含む。）の日とすること，執務場所は管理員室とすることが定められていた。

(3)　本件会社と被上告人らとの間の雇用契約

ア　被上告人らは，平成9年3月1日，本件会社にマンション管理員として雇用され（以下，この契約を「本件雇用契約」という。），同月10日から同12年9月14日まで（一郎については同年6月27日まで），本件マンションに住み込みで勤務した。

なお，管理員の業務は，実作業に従事しない時間が多く，軽易であるから，基本的には1人で遂行することが可能であったが，一方が巡回等で管理員室外に出ている間，他方が管理員室で受付等の対応をする必要がある場合があることなどから，本件会社では，夫婦を共に管理員として雇用していた。

イ　本件会社の課長らは，被上告人らを雇用した際，被上告人らに対し，社団法人高層住宅管理業協会が作成した「管理員業務マニュアル」を用いて業務内容を説明したが，「Nマニュアル」（被上告人らの前任の管理員の報告に基づき，上記課長が作成したもの。以下「本件マニュアル」という。）も併せて交付した。

(4)　就業規則の規定等

ア　本件会社の就業規則には，①　所定労働時間は，1日8時間（始業午前9時，終業午後6時，休憩正午から午後1時まで）とする，②　休日は，1週につき1

第2章　簡裁の個別労働関係訴訟の主な争点

日の法定休日（日曜日）及び法定外休日（土曜日，祝日，夏期，年末年始等）とする，③　休日勤務をした場合には振替を認めることができる旨の定めがあった。

イ　本件会社の給与規則によれば，割増手当は，割増基準額（基準内賃金を当該年度の1か月の平均所定労働時間数で除した額）に次の各割増率を乗じて算出される金額とされていた。

①　就労日における所定労働時間を超えた労働　　　125％

②　法定休日の労働　　　　　　　　　　　　　　　135％

③　法定休日以外の休日労働　　　　　　　　　　　125％

ウ　本件会社は，被上告人らに対し，本件雇用契約に基づき，毎月の賃金支払日に，基準内賃金（本給及び加給）のほか，割増手当に充当する趣旨で特別手当（一郎につき月額1万5000円，被上告人につき月額1万円）を支払っていた。

(5)　業務に関する指示及び被上告人らの就労状況

ア　平日（月曜日から金曜日まで）

(ｱ)　本件会社は，被上告人らに対し，所定労働時間内に，①管理員室での受付等の業務，②1階の店舗に納品される商品を収納したコンテナの台数の確認，③水道水の異常の有無の点検，④建物内外の巡回，⑤自転車置場の整理，⑥リサイクル用ごみの整理，⑦工事業者や来訪者の駐車依頼（駐車の申込み）に対する対応，⑧宅配物等の受渡し，⑨管理日報・管理業務報告書の記載その他の報告等の業務を行うよう指示した。

(ｲ)　本件会社は，被上告人らに対し，平日の午前9時以前及び午後6時以降において，①管理員室の照明点灯（午前7時），②ごみ置場の扉の開錠（同），③テナント部分の冷暖房装置の運転開始（午前8時30分），④テナント部分の冷暖房装置の運転停止（午後8時），⑤無断駐車の確認及び発見後の対応（午後9時），⑥ごみ置場の扉の施錠同），⑦管理員室の照明消灯（午後10時）の業務を行うよう指示した（以下，これらの各業務と上記(ｱ)の各業務のことを「指示業務」ということがある。なお，③及び④の業務は，冷房については6月から9月まで，暖房については12月から3月までの期間の業務であった。）。

なお，本件マニュアルには，被上告人らは，所定労働時間外においても，住民や外来者から宅配物の受渡し等の要望があった場合はこれに随時対応すべき旨が記載されていた。

(ｳ)　被上告人らは，上記(ｱ)及び(ｲ)の指示に従い，上記各指示業務を行ったが，上記(ｱ)の業務についても，必ずしも所定労働時間内にとどまらず，所定労働時間外に行うことがあった。

なお，被上告人らが管理員室に在室するのは午前9時から午後6時までであ

— 52 —

り，それ以外の時間及び休日については，「本日の受付は終了しました」と記載された札を出し，管理員室の窓口を閉じて隣の居室にいたが，住民からのインターホンによる呼出しに応じていたほか，居住者不在の場合の書留郵便，宅配物等の受渡しもしていた。

イ　土曜日

(ア)　本件管理委託契約上は土曜日も業務を行うことになっていたため，本件会社は，被上告人らに対し，原則として，平日と同様の業務を行うべきことを指示していた。もっとも，本件会社の就業規則上，土曜日は休日とされていたため，本件会社は，土曜日は被上告人らのいずれか1人が業務を行い，業務を行った者については翌週の平日のうち1日を振替休日とすることとし，被上告人らの承認を得ていた。土曜日の業務に関する本件会社の指示及び本件マニュアルの記載のうち，平日と異なる点は，①土曜日の勤務は1人で行うため巡回等で管理員室を空ける場合に他方が待機する必要はないこと，②冷暖房装置の運転停止の時刻が午後6時であることであった。

(イ)　しかし，業務の性質が平日の業務と余り変わらないものであったことや住民の要望もあったため，実際には，被上告人らの土曜日の勤務状況は，平日とほとんど変わらないものであった。

ウ　日曜日及び祝日

(ア)　日曜日及び祝日は，被上告人らの休日であることから，本件会社は，上記イ(イ)記載の各事項のうち，管理員室の照明の点消灯，ごみ置場の扉の開閉以外には，被上告人らに対して業務を行うべきことを指示しておらず，その他の休日も同様であった。本件会社は，これらの日に被上告人らがやむを得ず仕事をした場合は，振替休日（以下「代休」ということがある。）を取るよう指示していた。

(イ)　しかしながら，業務の性質が平日の業務と余り変わらないものであったことや住民の要望もあったため，被上告人らは，実際には，日曜日及び祝日においても，受付業務等による住民との対応，宅配物等の受渡し，駐車の指示，自転車置場の整理，リサイクル用ごみの整理等に従事していた。もっとも，受付等の業務は，平日及び土曜日と比べて相当に少なかった。

エ　業務に関するその他の指示等

本件会社は，被上告人らに対し，相互に協力し合って業務を遂行するように求めていたが，個々の業務をいずれが行うかについては被上告人らの話合いに任せていた。

また，被上告人らは，本件会社の指示により，管理日報を日々作成し，これを

第2章　簡裁の個別労働関係訴訟の主な争点

　　　本件会社に提出していた。本件会社は，管理日報等により，定期的に被上告人ら
　　　から業務に関する報告を受け，適宜業務についての指示をしていた。

3　　原審は，上記事実関係等の下において，次のとおり判断して，被上告人の請求の一
　　部を認容し，その余の請求を棄却した。

　⑴　被上告人らは，平日，土曜日，日曜日及び祝日を問わず，午前7時（管理員室照
　　　明点灯，ごみ置場の扉の開錠）から指示業務を開始し，午後10時（管理員室照明消
　　　灯）で指示業務を終えている。

　　　平日及び土曜日については，被上告人らは，2人で指示業務に従事しており，代
　　休取得もしていない。また，時間外の宅配物等の受渡しも被上告人らの所定業務で
　　あると見るのが相当である。そして，各指示業務は，断続的であり，その各所要時
　　間が短いけれども，その間も，住民や外来者から要望が出される都度，それらに応
　　えるという役務の提供を随時求められていたから，次の業務を開始するまで待機す
　　ることが命ぜられた状態と同視すべきであり，被上告人らが本件会社の指揮命令下
　　に置かれていたと認めるのが相当である。

　　　したがって，被上告人らは，平日については午前7時から午前9時まで及び午後
　　6時から午後10時まで，土曜日については午前7時から午後10時まで，それぞれ
　　時間外労働に従事したものと認めるのが相当である。

　⑵　他方，日曜日及び祝日については，受付等の業務も平日及び土曜日に比べて相当
　　に少なく，リサイクル用ごみの整理も特に日曜日及び祝日に処理すべき業務として
　　指示されていたものではなかったことが認められ，また，本件雇用契約及び本件管
　　理委託契約においても日曜日及び祝日は休日とされ，住民側も平日及び土曜日と同
　　様の業務を期待していなかったことがうかがわれる。これらに加え，もともと被上
　　告人らの従事した業務は，1人でも遂行可能な程度のものであったこと，本件会社
　　も被上告人らに対し，日曜日及び祝日には管理員室の照明の点消灯，ごみ置場の扉
　　の開閉以外の作業を求めていなかったことをも考慮すると，被上告人らのうち少な
　　くとも1名は，業務を離れ，自由に時間を利用することができたものと認められる。

　　　したがって，日曜日及び祝日については，被上告人らのうちの1名が午前7時か
　　ら午後10時まで休日労働又は時間外労働に従事したものと認めるのが相当である。

　⑶　住み込みで管理員業務に従事する被上告人らの一方が，所定労働時間内に，日常
　　行動（日用品の買い物等）のため時間を割くこともあり得ることは，業務の性質上
　　当然に予想されることであり，それが長時間にわたるものでない限り，その際にも
　　本件会社の指揮命令権が及んでいるものとみて差し支えない。そして，病院への通
　　院や犬の運動も，被上告人らの日常生活に伴う事項であったと認められるから，本
　　件会社の指揮命令下から離脱した行為であると認めることは相当でない。したがっ

— 54 —

て，被上告人らが病院に通院したり，犬を運動させたりしたことがあったとしても，それらに要した時間については，割増手当の支払の対象となる労働時間を検討するに当たり，考慮する必要はない。

4　しかしながら，原審の上記判断のうち，上記3⑴中の平日の時間外労働に関する部分は是認することができるが，その余は是認することができない。その理由は，次のとおりである。

⑴　労働基準法32条の労働時間（以下「労基法上の労働時間」という。）とは，労働者が使用者の指揮命令下に置かれている時間をいい，実作業に従事していない時間（以下「不活動時間」という。）が労基法上の労働時間に該当するか否かは，労働者が不活動時間において使用者の指揮命令下に置かれていたものと評価することができるか否かにより客観的に定まるものというべきである（最高裁平成7年㈠第2029号同12年3月9日第一小法廷判決・民集54巻3号801頁参照）。そして，不活動時間において，労働者が実作業に従事していないというだけでは，使用者の指揮命令下から離脱しているということはできず，当該時間に労働者が労働から離れることを保障されていて初めて，労働者が使用者の指揮命令下に置かれていないものと評価することができる。したがって，不活動時間であっても労働からの解放が保障されていない場合には労基法上の労働時間に当たるというべきである。そして，当該時間において労働契約上の役務の提供が義務付けられていると評価される場合には，労働からの解放が保障されているとはいえず，労働者は使用者の指揮命令下に置かれているというのが相当である（最高裁平成9年㈠第608号，第609号同14年2月28日第一小法廷判決・民集56巻2号361頁参照）。

⑵　平日の時間外労働について

ア　前記事実関係等によれば，本件会社は，被上告人らに対し，所定労働時間外においても，管理員室の照明の点消灯，ごみ置場の扉の開閉，テナント部分の冷暖房装置の運転の開始及び停止等の断続的な業務に従事すべき旨を指示し，被上告人らは，上記指示に従い，各指示業務に従事していたというのである。また，本件会社は，被上告人らに対し，午前7時から午後10時まで管理員室の照明を点灯しておくよう指示していたところ，本件マニュアルには，被上告人らは，所定労働時間外においても，住民や外来者から宅配物の受渡し等の要望が出される都度，これに随時対応すべき旨が記載されていたというのであるから，午前7時から午後10時までの時間は，住民等が管理員による対応を期待し，被上告人らとしても，住民等からの要望に随時対応できるようにするため，事実上待機せざるを得ない状態に置かれていたものというべきである。さらに，本件会社は，被上告人らから管理日報等の提出を受けるなどして定期的に業務の報告を受け，適宜業務

第2章　簡裁の個別労働関係訴訟の主な争点

についての指示をしていたというのであるから，被上告人らが所定労働時間外においても住民等からの要望に対応していた事実を認識していたものといわざるを得ず，このことをも併せ考慮すると，住民等からの要望への対応について本件会社による黙示の指示があったものというべきである。

　そうすると，平日の午前7時から午後10時までの時間（正午から午後1時までの休憩時間を除く。）については，被上告人らは，管理員室の隣の居室における不活動時間も含めて，本件会社の指揮命令下に置かれていたものであり，上記時間は，労基法上の労働時間に当たるというべきである。したがって，被上告人らが平日は午前7時から午前9時まで及び午後6時から午後10時まで時間外労働に従事した旨の原審の判断は，正当として是認することができる。

イ　また，前記事実関係等によれば，平日においては，後述する土曜日の場合とは異なり，1人体制で執務するようにとの本件会社からの指示はなく，実際にも，被上告人らは，所定労働時間外も含め，2人で指示業務に従事したというのである。そうすると，被上告人らが2人で時間外労働に従事した旨の原審の判断についても是認することができる。

ウ　なお，原審の判断中には，消灯時刻が午後10時を過ぎている日について，現実の消灯時刻までを労働時間であるとした部分があるが，上記判断は，被上告人らが午後10時以降も上記消灯時刻まで業務に従事したとの事実認定を前提としたものとして，是認することができないではない。

エ　平日の時間外労働についての以上の点に関する論旨は，いずれも採用することができない。

(3)　土曜日の時間外労働について

ア　土曜日においても，平日と同様，午前7時から午後10時までの時間（正午から午後1時までの休憩時間を除く。）は，管理員室の隣の居室における不活動時間も含めて，労基法上の労働時間に当たるものというべきである。

　また，前記事実関係等によれば，本件会社は，土曜日は被上告人らのいずれか1人が業務を行い，業務を行った者については，翌週の平日のうち1日を振替休日とすることについて，被上告人らの承認を得ていたというのであるが，他方で，被上告人らは，現実には，翌週の平日に代休を取得することはなかったというのである。そうである以上，土曜日における午前7時から午後10時までの時間（正午から午後1時までの休憩時間を除く。）は，すべて時間外労働時間に当たるというべきである。

イ　しかしながら，上記のとおり，本件会社は，土曜日は被上告人らのいずれか1人が業務を行い，業務を行った者については，翌週の平日のうち1日を振替休日

— 56 —

とすることについて，被上告人らの承認を得ていたというのであり，また，前記
事実関係等によれば，本件会社は，被上告人らに対し，土曜日の勤務は1人で行
うため，巡回等で管理員室を空ける場合に他方が待機する必要はないことなどを
指示していたというのである。さらに，前記事実関係等によれば，そもそも管理
員の業務は，実作業に従事しない時間が多く，軽易であるから，基本的には1人
で遂行することが可能であったというのである。

　上記のとおり，本件会社は，被上告人らに対し，土曜日は1人体制で執務する
よう明確に指示し，被上告人らもこれを承認していたというのであり，土曜日の
業務量が1人では処理できないようなものであったともいえないのであるから，
土曜日については，上記の指示内容，業務実態，業務量等の事情を勘案して，被
上告人らのうち1名のみが業務に従事したものとして労働時間を算定するのが相
当である。

(4)　日曜日及び祝日の休日労働ないし時間外労働について

　前記事実関係等によれば，本件会社は，日曜日及び祝日については，本件雇用契
約において休日とされていたことから，管理員室の照明の点消灯，ごみ置場の扉の
開閉以外には，被上告人らに対して業務を行うべきことを指示していなかったとい
うのであり，また，日曜日及び祝日は，本件管理委託契約においても休日とされて
いたというのである。

　そうすると，被上告人らは，日曜日及び祝日については，管理員室の照明の点消
灯及びごみ置場の扉の開閉以外には労務の提供が義務付けられておらず，労働から
の解放が保障されていたということができ，午前7時から午後10時までの時間につ
き，待機することが命ぜられた状態と同視することもできない。したがって，上記
時間のすべてが労基法上の労働時間に当たるということはできず，被上告人らは，
日曜日及び祝日については，管理員室の照明の点消灯，ごみ置場の扉の開閉その他
本件会社が明示又は黙示に指示したと認められる業務に現実に従事した時間に限り，
休日労働又は時間外労働をしたものというべきである。

(5)　病院への通院，犬の運動に要した時間について

　被上告人らが病院に通院したり，犬を運動させたりしたことがあったとすれば，
それらの行為は，管理員の業務とは関係のない私的な行為であり，被上告人らの業
務形態が住み込みによるものであったことを考慮しても，管理員の業務の遂行に当
然に伴う行為であるということはできない。病院への通院や犬の運動に要した時間
において，被上告人らが本件会社の指揮命令下にあったということはできない。

5　以上によれば，原審の前記判断のうち，①土曜日について，被上告人ら2名につい
てそのいずれもが時間外労働に従事したものとする部分，②日曜日及び祝日について，

第2章　簡裁の個別労働関係訴訟の主な争点

現実に業務に従事した時間を検討することなく，被上告人らのうち1名が午前7時から午後10時まで休日労働又は時間外労働に従事したものとする部分，③被上告人らが病院への通院や犬の運動に要した時間も本件会社の指揮命令下にあったとする部分は，是認することができず，上記各部分には判決に影響を及ぼすことが明らかな法令の違反がある。論旨は，この限度で理由があり，平日についても，③の関係で，通院及び犬の運動に要した時間を控除して時間外労働をした時間を算定する必要があるから，結局，原判決中上告人敗訴部分は，すべて破棄を免れないことになる。そして，本件については，更に所要の審理を尽くさせるため，これを原審に差し戻すこととする。

　よって，裁判官全員一致の意見で，主文のとおり判決する。

（裁判長裁判官・津野　修，裁判官・今井　功，裁判官・中川了滋，裁判官・古田佑紀）

裁判例8

年俸制と時間外労働等に対する割増賃金の成否についての最高裁裁判例

　最二小判平29・7・7，医療法人社団康心会事件，裁判集民事256号31頁，判タ1442号42頁，判時2351号83頁，裁判所時報1679号1頁

判示事項

　　医療法人と医師との間の雇用契約において時間外労働等に対する割増賃金を年俸に含める旨の合意がされていたとしても，当該年俸の支払により時間外労働等に対する割増賃金が支払われたということはできないとされた事例

判決要旨

　医療法人と医師との間の雇用契約において時間外労働等に対する割増賃金を年俸に含める旨の合意がされていたとしても，当該年俸のうち，時間外労働等に当たる部分が明らかにされておらず，通常の労働時間の賃金に当たる部分と割増賃金に当たる部分とを判別することができないという事情の下では，当該年俸の支払により時間外労働等に対する割増賃金が支払われたということはできない。

— 58 —

第5　労働賃金等請求事件の裁判例

第5　労働賃金等請求事件の裁判例

裁判例9

労働基準法施行規則 25 条に準じて計算した簡裁裁判例
名古屋簡判平 21・7・15 最高裁ホームページ下級

判示事項

月給制で給料の支払を受けていた原告が，被告の廃業に伴い月の途中で解雇された場合，1 か月に満たない給料の額について，労働基準法施行規則 25 条の計算方法に準じて計算した簡裁の事例

判決要旨

被告との間の労働契約に基づき月給制で給料の支払を受けていた原告が，被告の廃業に伴い月の途中で解雇された場合に，1 か月に満たない給料の額について，労働基準法施行規則 25 条の計算方法に準じ，月によって定められた賃金を，その月の日数から公休日を控除した所定労働日数で除し，勤務日数を乗じて算定した。

判　決

名古屋簡易裁判所　平成 21 年 7 月 15 日判決言渡
平成 21 年㈹3050 号　給料支払請求事件
判　　　決
主　　　文

1　被告は，原告に対し，4 万 1654 円及びこれに対する平成 20 年 3 月 11 日から支払
　済みまで年 14.6 パーセントの割合による金員を支払え。
2　原告のその余の請求を棄却する。
3　訴訟費用は，これを 5 分し，その 4 を原告の負担とし，その余を被告の負担とする。
4　この判決は，第 1 項に限り，仮に執行することができる。
事　　　実

第1　当事者の求めた裁判
1　請求の趣旨
⑴　被告は，原告に対し，25 万 9846 円及びうち 4 万 1654 円に対する平成 20 年 3
　月 11 日から支払済みまで年 14.6 パーセントの，うち 21 万 8192 円に対する平成

— 59 —

第2章　簡裁の個別労働関係訴訟の主な争点

　　　21年5月9日から支払済みまで年5パーセントの各割合による金員を支払え。

　(2)　訴訟費用は被告の負担とする。

　(3)　仮執行の宣言

　2　請求の趣旨に対する答弁

　(1)　原告の請求を棄却する。

　(2)　訴訟費用は原告の負担とする。

第2　事案の概要

　　本件は，原告が，原告を雇用していた被告に対し，未払給料（平成20年2月1日
　から同月16日までの給料未払3万3404円及び同月17日のアルバイト代金8250円
　の合計）4万1654円及び遅延損害金を請求するとともに，上記未払給料を再三請求
　し，労働基準監督署に相談したにもかかわらず，支払を受けられなかったことによ
　り，体調を崩して治療を要し，精神的苦痛を受け，交通費の支払を余儀なくされた
　などとして，治療費5万8125円，慰謝料15万円及び交通費（A労働基準監督署，
　Bクリニック，C病院及び名古屋簡易裁判所関係分合計）1万0067円の合計21万
　8192円の損害賠償及び遅延損害金を，民法709条に基づき，請求した事件である。

　1　当事者間に争いのない事実等

　(1)　被告は，Dという名称の飲食店（キャバクラ）を営んでいたものであり，原告
　　は，平成18年5月5日から平成19年3月31日まではアルバイトとして，同年4
　　月1日から平成20年2月16日までは社員として，Dにおいて，被告に雇用され
　　ていた。

　(2)　平成18年5月5日から平成19年3月31日までアルバイトとして勤務していた
　　際の原告の給料は，時給制であり，1時間1000円であった。

　(3)　平成19年4月1日から平成20年2月16日まで社員として勤務していた際の給
　　料は，月給制であり，基本給17万円，正皆勤手当3万5000円，交通費3万円及
　　び食事手当1万円の合計24万5000円が実総支給額であった。また，給料の支払
　　期日は，毎月10日（前月末日締め）であった。

　　　なお，原告は，定まった休日を与えられていない代わりに，申請手続を経て，
　　月4日の公休を取得できた。

　　　おって，Dにおいては，賃金の決定，計算及び支払の方法に関する事項につい
　　て定めた就業規則は存在しない。

　(4)　被告は，平成20年2月16日限りで，Dを閉店した。

　(5)　原告は，平成20年2月1日から同月16日までの間に，Dにおいて14日勤務
　　し，2日の公休を取得した。

　　　なお，2日の公休は，申請手続を経て，正当に取得されたものであった。

― 60 ―

⑹　平成21年2月17日には，Dにおいて，引越作業が行われ，被告は，その作業に従事した。

⑺　被告は，原告に対し，平成20年2月分の給料として，2回に分けて9万1005円及び5546円の合計9万6551円を支払った。

2　争点

⑴　平成20年2月分（同月1日から同月16日まで）の未払給料

　ア　原告の主張

　　　原告は，平成20年2月5日に初めて，被告から，同月16日にDを閉店する旨伝えられたのであり，公休が月4日認められていたところ，同月1日から同月16日までの約半月間に，原告が取得した公休は，2日であるから，被告は，原告に対し，以下の計算方法によって算出される正皆勤手当を支給するべきである。

　　　月給は，基本給17万円，正皆勤手当3万5000円，交通費3万円及び食事手当1万円の合計であるところ，各金額につき，平成20年2月の日数29日から公休日4日を控除した25日で除し，原告の勤務日数14日で乗じると，基本給9万5200円，正皆勤手当1万9600円，交通費1万6800円及び食事手当5600円となり，その合計額13万7200円が実総支給額となる。実総支給額13万7200円から厚生費385円（固定とする。）及び源泉所得税6860円（実総支給額の5パーセントの額）の合計7245円を控除した12万9955円が支給されるべき給料の額である。

　　　よって，平成20年2月分（同月1日から同月16日まで）の未払給料の額は，上記12万9955円から既払給料合計9万6551円を控除した3万3404円である。

　イ　被告の主張

　　　原告は，平成20年2月につき1か月間全てを勤務していないのであるから，正皆勤手当は支給する必要がない。

　　　被告が原告に対し支給した平成20年2月分給料9万1005円の算出方法は，下記㋐ないし㋖のとおりである。

記

㋐　基本給7万6200円

　　　1か月の基本給17万円を平成20年2月の日数29日で除し，原告の勤務日数13日（実際の勤務日数は14日であるが，誤って13日とした。なお，1日分は，後記のとおり後日支給した。）で乗じた金額につき，100円未満を切り捨てた。

㋑　交通費1万5000円

第2章　簡裁の個別労働関係訴訟の主な争点

　　　　1か月の交通費3万円を平成20年2月の日数29日で除し，原告の勤務日
　　　数14日で乗じた金額につき，1000円以下を切り上げた。
　　㈡　食事手当5000円
　　　　1か月の食事手当1万円を平成20年2月の日数29日で除し，原告の勤務
　　　日数14日で乗じた金額につき，1000円以下を切り上げた。
　　㈢　㈠ないし㈡の合計9万6200円が実総支給額となる。
　　㈣　厚生費385円
　　　　実総支給額9万6200円の0.4パーセントの金額につき，1円以下を切り上
　　　げた。
　　㈤　源泉所得税4810円
　　　　課税対象額（実総支給額）9万6200円の5パーセントの金額
　　㈥　㈢実総支給額9万6200円から㈣厚生費385円及び㈤源泉所得税4810円の
　　　合計5195円を控除した9万1005円が被告が原告に対し支給した平成20年2
　　　月分給料である。
　　　　被告は，原告に対し，上記9万1005円を支払った後，1日分の基本給とし
　　　て5546円を支払った。この金額は，1か月の基本給17万円を平成20年2月
　　　の日数29日で除した金額につき，1円未満を切り捨てた金額5862円から厚
　　　生費23円（5862円の0.4パーセントの金額につき，1円未満切り捨てた。）
　　　及び源泉所得税293円（5862円の5パーセントの金額につき，1円未満切り
　　　捨てた。）の合計316円を控除した金額である。
　　　　よって，被告が原告に対して支給した上記9万1005円及び5546円の合計
　　　9万6551円が支給すべき給料の額であり，平成20年2月分（同月1日から
　　　同月16日まで）の未払給料は存在しない。
⑵　平成20年2月17日に，被告が原告をアルバイトとして雇用したか否か。また，
　雇用したと認められる場合の給料（アルバイト代金）
　ア　原告の主張
　　　被告は，原告をアルバイトとして雇用し，原告は，平成20年2月17日午後
　　5時から同月18日午前2時までの9時間，Dの引越作業に従事した。
　　　アルバイト代金の額は，時給1000円であり，これにアルバイトに従事した9
　　時間を乗じた金額9000円から厚生費200円（1日あたり200円），源泉所得税
　　450円（9000円の5パーセント）及び互助会費100円の合計750円を控除した
　　8250円となる。
　イ　被告の主張
　　　被告は，原告をアルバイトとして雇用し，平成20年2月17日に，原告がD

第5　労働賃金等請求事件の裁判例

の引越作業に従事したということについては記憶がない。

⑶　被告の原告に対する不法行為の成否等

ア　原告の主張

原告が，⑴アの未払給料及び⑵アのアルバイト代金を再三請求し，労働基準監督署に相談するなどしたにもかかわらず，被告は，最後まで，その支払をしなかった。この不払いは，被告の原告に対する不法行為を成立させる。これにより，被告は，体調を崩して治療を要し，精神的苦痛を受け，交通費の支払を余儀なくされるなどして，治療費5万8125円，慰謝料15万円，交通費（A労働基準監督署，Bクリニック，C病院及び名古屋簡易裁判所関係分合計）1万0067円の合計21万8192円の損害を被った。

イ　被告の主張

争う。

第3　当裁判所の判断

1　争点⑴について

①原告が，定まった休日を与えられていない代わりに，申請手続を経て，月4日の公休を取得できたこと，②平成20年2月1日から同月16日までの間に，原告が取得した公休が2日であり，この公休が申請手続を経て正当に取得されたものであること，③Dにおいて，賃金の決定，計算及び支払の方法に関する事項について定めた就業規則は存在しないことは当事者間に争いがない。そして，当事者間に争いのない事実等並びに関係各証拠及び弁論の全趣旨によれば，④Dの閉店は，被告側の事情によりなされたものであって，原告に何ら起因するものではないこと，⑤原告が，平成20年2月初旬頃に初めて，被告側から，同月16日にDを閉店する旨伝えられたこと，⑥Dの閉店に伴い，原告の社員としての雇用が終了したものであること，⑦Dにおいて，1か月に満たない賃金の計算方法について定めた労働契約ないしは同計算方法についての労働慣行が存在しないことが認められる。

①②④ないし⑥の事実によれば，被告は，原告に対し，以下の計算方法によって算出される正皆勤手当を支給するべきであると認められる。

次に，1か月に満たない賃金の計算方法については，労働基準法ないし同施行規則上は特に定めがなく，③⑦のとおり，Dにおいては，1か月に満たない賃金の計算方法について定めた就業規則及び労働契約並びに同計算方法についての労働慣行が存在しない。そして，そもそも，労働は公休を除外した日，すなわち所定労働日に行われるものであり，その労働の対価として賃金，すなわち月給が支払われるものであるから，1か月に満たない賃金の額を算定するについては，月給（月によって定められた賃金）の額を公休を含んだその月の日数で除し，勤務日数を乗じるの

— 63 —

は相当でなく，年次有給休暇に対して支給すべき通常の賃金の計算方法について規定した労働基準法施行規則25条の計算方法に準じ，月給の額をその月の所定労働日数で除し，勤務日数を乗じるのが相当であると解される。

そうすると，平成20年2月分（同月1日から同月16日まで）の給料の額は，原告の月給（基本給17万円，正皆勤手当3万5000円，交通費3万円及び食事手当1万円の合計）24万5000円を平成20年2月の所定労働日数（平成20年2月の日数から公休4日を控除した）25日で除し，原告の勤務日数14日で乗じた13万7200円であると認められる。

そして，平成20年2月分（同月1日から同月16日まで）の未払給料の額は，上記13万7200円から原告が主張する控除額（厚生費385円及び源泉所得税6860円の合計）7245円及び既払給料（9万1005円及び5546円の合計）9万6551円の合計10万3796円を控除した3万3404円と認められる。

2　争点(2)について

平成21年2月17日にDにおいて引越作業が行われ，その作業に被告が従事したことは，当事者間に争いがなく，当事者間に争いのない事実等並びに関係各証拠及び弁論の全趣旨によれば，②原告が平成20年2月17日午後5時から同月18日午前2時までの間Dの引越作業に従事したことが認められる。

そうすると，被告は，少なくとも，黙示に原告をアルバイトとして雇用し，Dの引越作業に従事させたと認められ，その給料は，従前原告がアルバイトとして雇用されていた際の時給1000円であったと認めるのが相当である。

よって，アルバイト代金の額は，時給1000円にアルバイトに従事した9時間を乗じた金額9000円から原告が主張する控除額（厚生費200円，源泉所得税450円及び互助会費100円の合計）750円を控除した8250円と認めるのが相当である。

3　争点(3)について

被告の未払給料の不払いが債務不履行を超えて不法行為を構成するとまでは認めることはできず，被告に対し，原告が主張する損害を負担させることは相当ではない。

第4　結論

以上のとおりであるから，原告の被告に対する本訴請求は，平成20年2月（同月1日から同月16日まで）の未払給料3万3404円及び同月17日のアルバイト代金8250円の合計4万1654円並びにこれに対する遅延損害金を求める限度で理由があるからこれを認容し，原告のその余の請求は理由がないからこれを棄却し，主文のとおり判決する。

名古屋簡易裁判所

裁判官　紀平和成

労働時間の範囲（手待時間）

　労基法が定める労働時間は，休憩時間を除いた時間であり，現に労働させる時間である。現実に作業に従事していなくても，作業と作業の間の待機時間である「手待時間」も労働時間になる。手待時間と休憩時間の違いは，手待時間が使用者の指示があれば直ちに作業に従事しなければならない時間としてその作業上の指揮監督下にあるか，使用者の指揮監督から離脱して労働者が自由に利用できるかという点に尽きることになる。

裁判例 10

いわゆる「荷待（手待）時間」は労働時間であると判断した簡裁裁判例
　立川簡判平 20・2・14 公刊物未登載

判示事項

　配送業務の合間のいわゆる「荷待（手待）時間」（2 時間程度）は労働時間であるとした事例

判決要旨

　原告の時間外手当，解雇予告手当，付加金の請求について，雇用者の黙示の超過勤務命令があったほか，いわゆる荷待（手待）時間は労働時間であるとした上，残業代請求額の 8 割を認め，かつ，本件は，原告の自己都合退職ではなく，即時解雇であるとして，解雇予告手当て及び付加金の請求の一部を認容した。

判　決

立川簡易裁判所　平成 20 年 2 月 14 日判決言渡
平成 19 年㈠第 796 号　賃金等請求事件
判　　　決
主　　　文

1　被告は，原告に対し，金 88 万 5411 円及び内金 49 万 0071 円に対する平成 19 年 5 月 1 日から支払済みまで年 14.6 パーセントの，内金 39 万 5340 円に対する平成 19 年 5 月 1 日から支払済みまで年 5 パーセントの各割合による金員を支払え。

— 65 —

第2章　簡裁の個別労働関係訴訟の主な争点

2　被告は，原告に対し，金 39 万 5340 円及びこれに対する本裁判確定日の翌日から支払済みまで年 5 パーセントの割合による金員を支払え。

3　原告のその余の請求を棄却する。

4　訴訟費用は，これを 10 分し，その 3 を原告の負担とし，その余を被告の負担とする。

5　この判決は，第 1 項に限り，仮に執行することができる。

事実及び理由

第1　請　求

1　被告は，原告に対し，金 204 万 7738 円及び内金 59 万 6089 円に対する平成 19 年 5 月 1 日から支払済みまで年 14.6 パーセントの，内金 43 万 0680 円に対する平成 19 年 5 月 1 日から支払済みまで年 5 パーセントの，内金 102 万 0969 円に対する本裁判確定の日から支払済みまで年 5 パーセント（弁論の全趣旨）の各割合による金員を支払え。

2　訴訟費用は被告の負担とする。

3　仮執行宣言申立

第2　事案の概要

1　原告は，被告との間で，平成 18 年 12 月 20 日，雇用契約を締結し，同日から平成 19 年 4 月 30 日まで被告会社で就労したが，原告は，被告会社で過酷な法定時間外労働をさせられ，本件は，原告の依願退職ではなく，解雇予告のない被告の即時解雇であるとして，被告に対し，平成 19 年 1 月から同年 4 月末日までの未払賃金，休業補償，解雇予告手当及び金 102 万 0969 円の付加金の支払と法定の遅延損害金の支払を求めるものである。

2　請求原因の要旨

原告は，被告に対し，上記雇用期間中の未払賃金等のうち，1 月分の休業補償として 1 万 8000 円，同年 2 月分の未払賃金合計 12 万 0204 円（内訳，法定時間外労働時間数 98 時間として，11 万 4954 円，同月の法定休日出勤割増賃金 5250 円），同年 3 月分の未払賃金合計 18 万 6285 円（内訳，法定時間外労働時間数 131 時間として 18 万 0125 円，法定休日出勤割増賃金 6160 円），同年 4 月分の未払賃金合計 20 万 9640 円（内訳，法定時間外労働時間数 144 時間として 19 万 8000 円，法定休日出勤割増賃金 6160 円等），同年 5 月分（4 月 21 日〜30 日）の未払賃金合計 7 万 7440 円（内訳，稼働 7 日間× 8800 円，休業補償 3 日間 1 万 5840 円）の総合計 61 万 1569 円から，被告から平成 19 年 5 月 31 日に振込みのあった 1 万 5480 円を控除した合計金 59 万 6089 円が未払いであるとして，残業手当等の支払と，本件は，解雇予告のない即時解雇であるとして，金 43 万 0680 円の解雇予告手当及び金 102 万 0969 円の付

— 66 —

加金及び法定の遅延損害金の支払を求める（弁論の全趣旨）。

第3　争点

1　いわゆる荷待時間は労働時間か否か。

2　被告の超過勤務手当及び法定休日出勤の割増賃金並びに休業補償の支払義務の有無及びその額。

3　原告の辞職は，被告による解雇か，原告の自己都合の退職か否か。

第4　前提事実

1　被告は，本業はオフィスビル，学校病院等の給排水衛生設備工事を主体とする工事会社である。

2　証人W（以下「W」という。）は，昭和45年に個人で上記給排水配管工事業を始め，昭和61年11月5日に有限会社にし，その代表取締役になったが，平成10年に引退して，息子を被告会社の代表取締役にしたものの，引退後も被告会社の人事管理等の実質的な権限はWが持っている。

3　Wは，平成12年5月から被告会社の中に冷凍食品の取引と配送業務部門を設置し，自らが実質的な管理責任者となり，現在では配送業務部門の従業員はWを含め8人くらいいる。

4　原告は，Wの面接を受け，平成18年12月20日，被告と雇用契約を締結し（被告は当初，本件契約は請負契約であると主張していたが，第2回口頭弁論期日で雇用契約であることを認めた。），被告会社の冷凍食品又はケーキの配送部門で平成19年4月30日まで就労した。

5　被告会社には出勤簿を始め，タイムカード等はまったく設置されていなかった。

6　給与は，当初1日の配送売り上げの50％の歩合制の約束であったが，実態は日給月給制であった。

第5　当裁判所の判断

　　証拠（甲第1号証ないし第14号証，乙第1号証の1ないし2号証の6，証人W，原告本人）及び弁論の全趣旨によれば，次の事実が認められる。

1　争点1について

⑴　原告本人の供述によれば，Wの面接を受けた際，被告は，求人票では，外見上冷凍食品の配送業務が午前5時～13時の早出と，19時～午前3時の遅出との2つのシフトがあるものの，いずれも1日の就業時間は8時間であるとした上，給与は配送の売上げの50％であると聞いて，雇用契約を結んだが，実際に勤務してみると，冷凍食品や高級料亭への鮮魚の配送業務で午前2時に出勤し，午後7時までの1日17時間も勤務する日が続き，2月からはケーキ屋パティシエTへの配送業務で，午前6時30分ころから午後7時過ぎまで，のきなみ12時間以上の勤

第2章　簡裁の個別労働関係訴訟の主な争点

務が続いたほか，午前10時から深夜零時まで勤務したこともあったが，残業手当はまったく支給されなかった。

　原告は，深夜から夕方までの勤務は，体力的に無理であるから勤務時間を善処してほしいと何度かWに申し出たが，ワンマン経営者であるWは，原告の要望や抗議に対しては，「辞めるか」「仕事無いぞ」「何も保証しない」等と怒号し，脅迫まがいの恫喝をするなど基本的にまったく聞く耳をもたなかった。

⑵　Wの証言によれば，たしかに早出の場合，午前2時か3時の深夜に出勤して配送業務に従事することはあるが，いずれにせよ昼前の午前11時過ぎ頃には配送が終了し勤務を終えており，原告の被告での就業時間は実質1日6時間から多くても8時間であったと述べる。

　しかしながら，被告には出勤簿もタイムカードもなく，勤務管理の実質的な責任者はWであることが認められるが，同人は，原告は深夜又は早朝出勤しても，午前中又は昼過ぎには仕事は終わると証言する一方で，原告が夜7時過ぎに勤務を終えて会社に帰ってきたことは，W自身が毎日会社にいて何度も確認して承知していると述べていることや，同業者からの忠告により被告会社に運転日報を置き，原告が被告に運転日報（甲第13号証）を記載して提出していること等から，Wは原告が午前6時30分ころ出勤して，夜7時過ぎに会社に帰って来るのが日課になっていて，労働時間が12時間を超えていたことを十分承知していたことを認めることができる。

⑶　Wの証言によれば，仮に原告が被告で所定の8時間を超えて仕事をして帰社したとしても，それは配送と配送の間の手待ち時間又は荷待ち時間（以下「荷待ち時間」という。）があったためだと述べる。すなわち，仮に1日に3回ケーキ屋パティシエTに配送した場合，例えば原告が午前8時から午前10時まで配送業務に従事した場合，次の12時から午後2時30分までの配送業務まで2時間の荷待ち時間があり，さらに午後3時から午後5時30分の配送業務までに30分間の荷待ち時間があることになるが，その間，原告は公園等で休憩しているのであり，被告としては，その時間は休憩時間であり，労働時間としてはみていないと主張する。

⑷　しかしながら，原告の供述によれば，早朝又は深夜に出勤し，一旦乗車した後は自動車から一時たりとも離れることはできず，公園などで休憩すれば，直ちに駐車違反の切符を切られるため，違反にならないよう車を移動したり，洗車をしたり，荷待時間といえども配送先へ30分前には到着して準備しておく必要があったと述べる。したがって17時間又は12時間勤務のうち，相当の荷待ち時間が生じていたとしても，それを休憩時間と解することはできず，タクシーのいわゆる

— 68 —

客待ち，流し時間と同様，雇用者であるWの指示があれば直ちに作業に従事しなければならない時間として被告の指揮監督下にあったと解され，荷待ち時間は配送業務に関連した乗務時間であり，実質の労働時間であると解するのが相当である。

2　争点2について

(1)　原告は，被告会社で長時間の残業が続くにもかかわらず，Wがまったく原告の勤務時間の管理をしてくれず，抗議をしても聞き入れてくれなかったことから，不信感を持ち，2月から自作の勤務時間表（ノート）を作成していたことが認められる（甲第4号証）。Wの証言によれば，被告会社における社員の勤務時間の把握は，原告を除く他の従業員は自宅から会社まで遠いため，トラックで自宅から直接配送先まで運送し，帰りも会社に寄ることなく直接自宅に帰るいわゆる直行直帰であったため，勤務時間を把握することは困難であった。しかし，原告は住居が被告会社に近かったため，毎日被告会社に出勤し，トラックでの配送業務が終わると会社に帰ってくるというサイクルで勤務していたことは承知していたが，上記のように深夜に出ても，昼前には会社に帰ってきていたし，仮に夕方帰ってきても，荷待ち時間があったので，すべてが乗車勤務時間とはみていなかったと述べるものの，実際にはWは原告の勤務時間管理の責任者でありながら，原告の勤務時間の実態をまったく把握していなかったことを認めることができるほか，反対にWは原告が上記のような長時間労働をしているのを承知していながら，荷待ち時間があるため，帰ってくるのが夕方になっても仕方がないという考え方で，原告に対し黙示の残業命令を出していたことを認めることができる。

(2)　原告は，2月から緊急避難的に自作の勤務時間表を作成したと供述する。冷凍食品の配送やケーキの配送業務の中には，Wの証言するように，たしかに配送業務間の一定の荷待ち時間が生じるのは否定しえないところであるが，荷待ち時間のすべてが休憩時間であるとの主張は，およそ雇用者側の一方的な論理であるといわざるを得ず，到底許容できない。

(3)　そうすると，被告が雇用者として従業員の勤務時間をまったく管理していない以上，自らは従業員の勤務時間をまったく管理していないのに，原告の超過勤務の計算はその根拠が不明であり，認めることができないとする被告の主張は失当であるといわざるを得ない。本件では，被告側は，例えば2月を例にとると，毎朝8時の配送業務に間に合わせるため，原告を午前6時30分には出勤するよう指示を出していることが認められるほか，配送終了後も午後7時以降に原告が被告会社に帰ってきており，原告が残業していることを認識していながら黙認していることが認められるから，原告に対し後記のとおり原告主張の超過勤務時間の約

8割について，黙示の残業命令を出していると解すべきである。

(4) そのような状況下で現場で働く従業員自らが勤務時間表を作成して勤務時間を把握することは，従業員の仕事の実態に沿うものであり，合理的で不可避的な方法であったといわざるを得ないから，これに基づいて作成された勤務時間表は，ある程度客観的なものであると評価できるが，被告の主張するように超過勤務時間の一部には，休憩のための時間がまったくなかったとはいえないこと，運転日報には一部実際の出退勤の時間の記載はあるものの，原告がWまたは被告代表者に就労中に一度も原告作成の勤務時間表を見せておらず，客観性の担保措置が執られていないことなどを考慮し，本件では原告主張の超過勤務時間の約8割が原告の実体的な超過勤務時間であると評価するのが相当である。したがって，原告主張の超過勤務時間の内，2月分の超過勤務時間の合計は原告主張の98時間の約8割の78時間，3月分の超過勤務時間の合計は原告主張の131時間の約8割の104時間，4月分の超過勤務時間の合計は原告主張の144時間の約8割の115時間とそれぞれ認めるのが相当である。

(5) 次に，給与及び休業補償については，給与は雇用当初は，原告が配送した分の総売上高の50％ということで原告も了承したが，被告が売上高を原告に示したのは最初の2日間だけで，その後はまったく知らせていないことを認めることができる。

原告の供述及び甲第5号証によれば，2月の日給が7500円で，3月の日給が8800円で計算され，それをもとに給与が支給されていることが認められるから，実態は日給月給制であることを認めることができる。さらに，原告主張の休業補償は，被告の車両整備の都合のため原告が稼働できなかったことが認められるから，別紙のとおり1月分の休業補償は1万8000円，5月分の休業補償は1万5840円をそれぞれ認めるのが相当である。

(6) 労働基準法では週40時間勤務が定められているところ，被告は原告に2月に2回，3月及び4月は月1回しか休日を取得させておらず，原告はそれ以外はすべて配送業務に従事していたことを認めることができる。したがって，原告は法定休日出勤の割増賃金を被告に対し請求することが可能である。

(7) そこで，被告の雇用期間の未払賃金及び休業補償を計算すると，2月分は78時間，3月分は104時間，4月分は115時間とそれぞれ法定時間外勤務を認めるのが相当であるから，別紙のとおり法定時間外未払賃金の合計50万5551円から，被告から原告に対し，平成19年5月31日に振り込みのあった1万5480円を控除した49万0071円を認めるのが相当である。

3　争点3について

被告は，原告主張の被告による即時解雇の事実を否認し，原告は自らの意思で退職を決意したものであるから，自主退職であり解雇予告手当の支払義務はないと主張するので，以下検討する。

(1)　平成19年4月27日に，Wは原告を午前2時から正午ころまで「試走」という形でO市場から高級料亭への鮮魚の配送業務に就かせ，午後からはケーキ屋のG平和島配送センターまでの配送業務を命じ，午後7時頃まで配送業務に就くことを命じた。しかしながら，同年4月30日に，原告は，これまでの経緯から17時間も勤務する業務は体力的にとても無理であるとWに申し出たところ，Wが「できないなら自動車の鍵を返せ。」と一方的に原告に仕事をさせないように仕向けたことを認めることができる。

　　　原告が「クビですか。」と聞いたところ，Wは「クビではないが，職務放棄なので会社を辞めてもらうしかない。」などと言って，事実上原告を配送業務からはずす発言をしたことが認められる。

(2)　Wの証言によれば，本件では原告の一方的な職務放棄により，その時点では人手が足りず，Wを始め残された従業員で5月初めから穴埋めをしなければならず，被告に非常に損害を与えた旨証言するが，原告が試走に対し消極的で，却って反発心を強めたため，Wは原告とはもう一緒にやっていけないという趣旨で「自動車の鍵を返せ。」「職務放棄なので会社を辞めてもらうしかない。」と述べたことを認めることができる。同人の証言によれば，その時点では被告は人手が足りず，被告側から原告の解雇を言い出すことはなく，原告に対し解雇すると言ったこともないと述べる。

(3)　しかしながら，上記認定のとおり，4月27日に原告に対し試走を命じた時点でWは原告に対し，原告が17時間の勤務をしない限り，いままでどおりの仕事はない旨申し向け，自動車の鍵を返すよう言ったことから，言外に原告の仕事の続行を事実上困難にする意思表示をしているほか，原告が本当に自主退職の意思を有していると認識していたのなら，原告に再度自主退職の意思を確認するか，退職届けの提出を求めるなどして原告の退職の意思を確認する方法は容易にできたはずであるが，そのような被告の意思を確認したことを認めるに足りる証拠はないし，退職願いの提出を求めたことを認めるに足りる証拠もないほか，原告からW又は被告に対し，交渉過程で被告の会社を辞めるとの発言は一度もなかったことが認められる。

(4)　以上の認定事実に基づき総合的に判断すると，本件は，平成19年4月30日に被告が即時解雇したと解するのが相当であり，被告は，原告に対し，解雇予告手当を支払う義務がある。本件では，解雇予告手当の額は，別紙計算書のとおり39

万 5340 円を被告は原告に対し支給する義務があると解するのが相当である。

(5) なお，付加金については，本件は，被告には就業規則もなく，被告代表者は原告の勤務時間を管理する法的責任があるにもかかわらず，被告の配送部門の実質的責任者で被告代表者の父親であるWに一任していることを認めることができるが，Wは労働基準法に定める就業時間も無視し，原告を 17 時間にも及ぶ過酷な長時間勤務に従事させておきながら，原告が抗議すると「辞めるか」「仕事はないぞ」などと恫喝するなど，雇用者としては労働者の基本的人権を無視する悪質な行為であるといわざるを得ないから被告に制裁を課するのが相当であるところ，本件は即時解雇と判断したものの，被告会社は零細業者で労働法規に疎い面もあり，当初から被告を明確に解雇する意思があったとはいえない一面もあることなどから，被告に対しては解雇予告手当てと同額の範囲内で制裁を課すべきであると解するのが相当であるから，付加金は 39 万 5340 円の限度で認める。

4 以上の認定事実に基づくと，原告の請求は，主文第 1 項のとおり，時間外手当金等の請求のうち，金 49 万 0071 円の限度で，解雇予告手当金の請求のうち，39 万 5340 円の限度で，付加金の請求のうち 39 万 5340 円の範囲でそれぞれ理由があり，その余は理由がない。

よって，主文のとおり判決する。

立川簡易裁判所

裁判官　岡﨑昌吾

（別紙）

計算書

1 原告の日給

2 月 7500 円，3 月 8800 円

2 時間外手当の計算

2 月分法定時間外残業割増賃金

7500 円 ÷ 8（時間）× 1.25 = 1172 円（時給，円未満切り上げ）

1172 円 × 78（時間）= 9 万 1416 円…①

2 月分休日出勤割増賃金

7500 円 × 0.35 × 2（日）= 5250 円…②

3 月分法定時間外残業割増賃金

8800 円 ÷ 8（時間）× 1.25 = 1375 円

1375 円 × 104（時間）= 14 万 3000 円…③

3 月分休日出勤割増賃金

$$8800 \text{円} \times 0.35 \times 2 \text{（日）} = 6160 \text{円…④}$$

4月分法定時間外残業割増賃金

$$8800 \text{円} \div 8 \text{（時間）} \times 1.25 = 1375 \text{円}$$

$$1375 \text{円} \times 115 \text{（時間）} = 15 \text{万} 8125 \text{円…⑤}$$

4月分休日出勤割増賃金

$$8800 \text{円} \times 0.35 \times 2 \text{（日）} = 6160 \text{円…⑥}$$

時間外手当等合計 　①＋②＋③＋④＋⑤＋⑥＝41万0111円…⑦

3　1月度休業補償

4000円のところ2000円の9日間

（平成19年1月6日，7日，10日，11日，12日，13日，14日，17日，19日）

$$2000 \text{円} \times 9 \text{（日）} = 1 \text{万} 8000 \text{円…⑧}$$

4　5月度給与等

稼働期間7日　$8800 \text{円} \times 7 \text{（日）} = 6 \text{万} 1600 \text{円…⑨}$

休業補償3日間　$8800 \text{円} \times 0.6 \times 3 \text{（日）} = 1 \text{万} 5840 \text{円…⑩}$

未払賃金の合計　⑦＋⑧＋⑨＋⑩＝50万5551円…⑫

被告からの平成19年5月31日振り込み額1万5480円…⑪

未払賃金の差引き合計　⑫－⑪49万0071円

5　解雇予告手当の計算

平成19年1月21日から同年4月20日までの期間90日（3か月）

上記期間内の総賃金額118万6091円

（内訳：2月支給分23万7500円＋3月支給分27万円＋4月支給分26万8480円＋時間外手当等41万0111円＝118万6091円）

$$118 \text{万} 6091 \text{円} \div 90 \text{（日）（円単位未満切捨）} \times （30 - 0） = 39 \text{万} 5340 \text{円}$$

6　時間外手当等と解雇予告手当の合計

$$49 \text{万} 0071 \text{円} + 39 \text{万} 5340 \text{円} = 88 \text{万} 5411 \text{円}$$

7　付加金との合計

付加金$39 \text{万} 5340 \text{円} + 88 \text{万} 5411 \text{円} = 128 \text{万} 0751 \text{円}$

以　上

第6　労働時間等に関する規定の適用除外事由

1　労働時間等に関する規定の適用除外の主張

(1)　管理監督者であることの抗弁

労基法41条2号は，労働時間等に関する規定の適用除外として，管理監督者，つまり，「事業者の種類にかかわらず監督若しくは管理の地位にある

者又は機密の事務を取り扱う者」を定めている。この管理監督者について，行政解釈では「名称にとらわれず，労働条件の決定その他労務管理について一体的立場にあるか否かを実態に即して判断すべきであり，管理職手当等の特別手当によりその地位にふさわしい待遇が与えられていることも判断の基準となる」とされている。この定義は，ラインの管理者を想定したものであるが，企画・調査部門のスタッフ職についても，その企業内の処遇の程度が，管理監督者と同格以上に位置付けられる者であって，経営上の重要事項に関する企画立案等の業務を担当する場合は，管理監督者に含めて取り扱うのが妥当であると考えられている（労働関係訴訟リーガル・プログレッシブ・シリーズ（渡辺弘，青林書院）180 頁）。

誰が管理監督者に該当するかは，業種，業態に応じてさまざまであるし，各企業は，その規模や各従業員の職務内容によってさまざまであるから，どの範囲の従業員が管理監督者に該当するかを一律に論じることは困難である。

(2) 定額支給の抗弁

使用者が，会社の給料は定額制であり，一定額の手当をしているので，時間外手当を支払う義務はないとの抗弁を主張した事案について，一般的に労働基準法所定の時間外・深夜労働の割増賃金に代えて一定額の手当を支給することも，その支給額が労基法所定の計算による割増賃金を下回らない限り，適法と言われている。しかしながら，最二小判平成 6 年 6 月 13 日，裁判集民事 172 号 673 頁，判時 1502 号 149 頁（高知県観光事件）は，歩合給（出来高払いに一定の歩合を乗ずるもの，労基法 27 条の出来高払制の一種）について，そのうちどの部分が割増賃金に相当するかが明確に区分できることを要し，そうでない限り，使用者は割増賃金支払義務を免れないと判示した（少額訴訟の実務（中島寛他編，酒井書店）特に第 3 編第 3 章）。

(3) 年俸制の抗弁

使用者（医療法人）が，医師との雇用契約において給料は年俸制であり，年俸の中で時間外労働に関する割増賃金等の一定額の手当を包含する旨の合意契約をしているので，時間外手当を支払う義務はないとの抗弁を主張した事案について，当該年俸の支払により時間外労働に対する割増賃金が支払われたということはできないと判示した。

最二小判平成 29 年 7 月 7 日判決（最高裁平成 28 年（受）第 222 号，裁判所時報 1679 号 1 頁）判タ 1442 号 42 頁，判時 2351 号 83 頁，医療法人社団康心会事件

（判決要旨）

医療法人と医師との間の雇用契約において時間外労働に対する割増賃金を年俸に含める旨の合意がされていたとしても，当該年俸の支払により時間外労働に対する割増賃金が支払われたということはできない。

⑷　みなし労働時間の抗弁

労働者が労働時間の全部又は一部について事業場以外で業務に従事した場合に，労働時間を算定し難いときは，所定労働時間労働したものとみなす（労基法38条の2第1項）。しかしながら，使用者の具体的な指揮監督が及んでいる場合には，労働時間の算出が可能なので，このみなし労働時間の対象とはならない。例えば，下級審判決では，「出勤時刻，退勤時刻をタイムカードに打刻することが義務づけられていて，また，発注書や製品の運搬などによって，労働者の出勤状況を確認することが可能である場合は，使用者の指揮監督が及んでいたというべきであり，労働時間を算定することが困難な場合には該当しない。」と判示している（大阪地判平成12年4月14日労判798号86頁）（少額訴訟の実務（中島寛他編，酒井書店）特に第3編第3章）。

最二小判　平成26年1月24日判決（平成24年（受）第1475号）判タ1400号101頁，判時2220号，労判1088号5頁，阪急トラベルサポート（派遣添乗員・第2）事件

（判決要旨）

募集型の企画旅行における添乗員の業務については，次の⑴，⑵などの判示の事情の下では，労働基準法38条の2第1項にいう「労働時間を算定し難いとき」に当たるとはいえない。

⑴　当該業務は，旅行日程がその日時や目的地等を明らかにして定められることによって，その内容があらかじめ具体的に確定されており，添乗員が自ら決定できる事項の範囲及びその決定に係る選択の幅は限られている。

⑵　当該業務について，上記企画旅行を主催する旅行業者は，添乗員との間で，あらかじめ定められた旅行日程に沿った旅程の管理等の業務を行うべきことを具体的に指示した上で，予定された旅行日程に途中で相応の変更を要する事態が生じた場合にはその時点で個別の指示をするものとされ，旅行日程の終了後は内容の正確性を確認し得る添乗日報によって業務の遂行の状況等につき詳細な報告を受けるものとされている。

第2章　簡裁の個別労働関係訴訟の主な争点

裁判例 11

管理監督者の要件を明示した東京高裁裁判例
　東京高判平 17・3・30 労判 905 号 72 頁

判示事項

　　労基法 41 条 2 号の規定に該当するもの（管理監督者）が時間外労働手当の対象外とされるのは，その者が，経営者と一体的な立場において，労働時間，休憩および休日等に関する規制の枠を越えて活動することを要請されてやむを得ないといえるような重要な職務と権限を付与され，また，そのゆえに賃金等の待遇およびその勤務形態において，他の一般労働者に比べて優遇措置が講じられている限り，厳格な労働時間等の規制をしなくてもその保護に欠けるところがない（下線筆者）という趣旨に出たものと解されるとされた事例

裁判例 12

「管理監督者」であると判断された簡裁裁判例
　東京簡判平 18・6・21 最高裁ホームページ下級

判示事項

　　勤務時間は出退勤の自由はないものの，給与面や仕事内容で管理者の処遇を受けていたとして「管理監督者」であると判断された事例

判決要旨

　原告は，勤務時間に関しては出退勤の自由はなかったものの，給与面や仕事内容で管理者としての処遇を受けていたと認められるから労基法 41 条 2 号の「管理監督者」にあたるとして時間外労働に係る賃金請求を棄却した。

判　決

　東京簡易裁判所　平成 18 年 6 月 21 日判決言渡
　平成 17 年㈥第 19961 号　時間外手当請求事件
　　　　　　　　　　　　　判　　　決

主　文

1　原告の請求を棄却する。

2　訴訟費用は，原告の負担とする。

事実及び理由

第1　請求

1　請求の趣旨

　　被告は，原告に対し，79万8346円を支払え。

第2　事案の概要

1　請求原因の要旨

⑴　時間外手当【67万4710円】

　　原告は，平成17年4月18日，被告との間で，平成17年4月から6月までは基本給36万円，同年7月から10月までは基本給40万円，諸手当月額1万9300円，毎月末日締め，翌月15日払いとの約定で雇用契約を締結したが，原告は，同年10月31日退職した。

　　この間，原告は，別紙超過勤務一覧表（掲載省略）のとおり労働している。

⑵　未消化の有給休暇2日分【3万3636円】

　　1万6818円（1日分）×2日

⑶　未払給与【9万円】

　　平成17年8月分から10月分まで，基本給40万円であるところ，37万円しか支給されていない。

2　被告の主張

⑴　請求棄却申立て

⑵　雇用契約日は，平成17年4月21日である。

　　基本給については平成17年4月分は日割計算により13万8188円，5月ないし10月は基本給36万円であり，諸手当額及び給与の支払時期は認める。

⑶　時間外手当について

　　原告は，以下の事実から明らかなように，労働基準法41条2号に該当する管理者であり，時間外労働の規定の適用を受けない労働者である。

ア　原告は，被告が総務管理幹部を募集したところ，これに応募して採用された者である。

イ　原告は，外部的にはマネージャーの肩書の名刺を使用し，また，会社内部では，人事に関する年間スケジュールの立案作成等企画部門のスタッフであり，かつ，固定資産の管理等の主担当者として日常の職務を行うなど経営者と一体的立場にあって職務を遂行してきた。原告の仕事は，被告の専務から直接命ぜ

られ，その報告もすべて直接専務にしていた。

ウ　原告は，被告に雇用された当初から1か月35万円から38万円の給与の支給を受けており，総支給額で言えば給与規定の「B−1」に該当する。

原告は，被告の給与規定の整備に関わってきた者であり，その過程で原告自身が作成した「位置分布シミュレーション」（乙7号証）では，原告は管理職である「B−1」にランクされている。

なお，被告は原告に対し，平成17年9月以降，管理職手当に相当する手当金5万円を支給している。

(4)　有給休暇の買取りについて

原告と被告は，平成17年4月21日に雇用契約を結んでおり，本来労働基準法39条により同年10月20日まで継続勤務しなければ有給休暇が与えられないのにもかかわらず，その前に有給休暇を取りたいとの申入れがあったので8日間の有給休暇を与えたものであって，未消化の2日を残して退職したからといってその分を金銭に換算して請求できるものではない。

(5)　未払給与について

平成17年8月分から10月分までの基本給が40万円であることは，否認する。

第3　当裁判所の判断

1　時間外手当について

時間外労働についての規定の適用が除外される労働基準法41条2号の「管理監督者」とは，労働条件の決定その他労務管理について経営者と一体的立場にあるものをいい，名称にとらわれず実態に即して判断すべきであるとされているので，以下検討する。

(1)　採用の経過

証拠によれば，被告は，正社員40人，パート，アルバイトを含めると550人ほどの会社で，社長，専務らの役員のほか部長と課長が各1名いること，被告は原告を採用するにあたり，総務経理の責任者がC課長1名でその業務が膨大であったため総務の責任者の採用を希望していたこと，そのため，ハローワークへの求人票の職種欄に「総務管理幹部」と記載してあったこと，原告も入社に際し「総務管理幹部」なる立場について被告に照会し「通常であれば部長である」という被告からの返事を得て被告に履歴書を送付した経緯があることが認められる。

原告が採用時に被告から渡された採用通知書（甲5号証）の職種欄には，「総務経理」とだけ記載され，「総務管理幹部」という記載はないが，前記の経緯に照らせば，原告が総務管理の幹部社員として採用されたことは明らかである。

そこで，さらに，採用後の実態が「管理監督者」に相応しいものであったかに

ついて検討する。

(2) 給与について

　証拠によれば，原告を採用した時の被告の求人票には，「毎月の賃金」，基本給20万円から30万円，「役職手当」10万円から15万円と記載されていたこと，被告の賃金規定では「役職手当は職務上，責任の重い管理的地位にある者に対し別に定める金額を支給する。」とされていること，原告は平成17年5月から同年10月までの間，総額で35万円から37万円の給与の支払を受けていたこと，給与規定の見直し作業の中で検討された「給与規定」（平成17年8月31日付けのもの）では総支給額が37万円の者は管理職に位置づけられ，また，基準給の内訳として管理職手当が5万円とされていたこと，給与規定の見直しにより被告会社では，平成17年9月分から管理職手当として5万円が支給されるようになったこと，原告も9月以降この5万円の手当を受けていたこと，社員が給与上どのように位置づけられるかについて定めた「位置分布シミュレーション」の作成には原告も関与したこと，同シミュレーション上では原告は「管理者」に位置づけられていたこと，同原告は，在職中，時間外手当が支給されないことについて被告に異議を述べたことは一度もなかったこと，の各事実が認められる。

　以上の事実によれば，原告は，平成17年9月以降は管理職手当の支給を受け，また，それ以前も，被告会社の基準では管理職手当相当額を含むものとしての総支給額を受けていたものと認められる。

(3) 職務内容について

　証拠によれば，求人票には仕事の内容として「総務・法務・人事関連の統括管理」と記載されていたこと，採用後，原告は総務の仕事を担当し，就業規則の整備，社会保険加入手続等に関することを主に行っていたこと，これらの仕事は社長や専務から命ぜられたものであったこと，被告会社ではほぼ毎朝8時から経営会議が開かれていたが，この会議に常時出席していた者は社長，専務，A部長，C課長と原告であったこと，の各事実が認められる。

　以上の事実によれば，原告はいわゆる監督的な業務はしていなかったものの被告会社における総務の責任者としての仕事をしていたと認められる。

(4) 勤務時間

　証拠によれば，原告の勤務時間は9時から18時までで，原告もタイムカードによって勤務時間を管理されていたことが認められる。

(5) まとめ

　以上の事実を総合すると，原告は，勤務時間に関しては出退勤の自由はなかったものの，給与面や仕事内容で管理者としての処遇を受けていたと認められるか

ら労働基準法41条2号の「管理監督者」にあたる。

2　有給休暇の買い取りについて

原被告間の労働契約で，有給休暇の買い取りについて定めた事項はなく，かつ，C課長がそのような約束をしたと認めるに足りる証拠はない。

3　未払給与について

甲3号証によれば，毎月の賃金が40万円から50万円との記載があるが，具体的に原被告間で平成17年7月分以降の基本給を40万円とする旨の合意をした事実を認めるに足りる証拠はない。

4　以上によれば，原告の請求はいずれも理由がない。

東京簡易裁判所民事第1室

裁判官　深田英夫

2　管理監督者の判断基準

これらの下級審の裁判例をみると，管理監督者に該当するか否かの判断においては，特に，

① 対象者の出退勤についての規制がないか，仮にあってもゆるやかなものであること

② 対象者に，管理職手当や役職手当等の支給がされており，その手当の額が想定できる時間外労働に対する手当と遜色がないことが重要なポイントとされていることがわかる。

③ 管理監督者であれば，その職務の内容が，ある部門全体の統括的なものであること

④ 部下に対する労務管理上の決定等について，一定の裁量権を有していること，また，部下に対する人事考課，機密事項に接していること

というような要素を満たしている場合が多い。

ちなみに，この労基法上の管理監督者について誤解をしている企業が少なくない。「管理職」という名の下に，時間外手当を不支給とするのを当然とする例が，実務で多くの事例に接していると極めて多い（最近のブラック企業と呼ばれている会社にはこの種の例が極めて多い。いわゆる「名ばかり管理職」の問題である。（下線部筆者））。そして，そのような誤解をする企業が訴訟の場に来ると，厳しい状況に遭遇することが多い。菅野教授は，「管理監督者」への該当性は上記の考え方により，厳格に判断されている。」と表現している（労働法第11版，菅野和夫，弘文堂）。前述のとおり，労基法が時間外労働に対して厳しい規制を加え，社会法原理によって司法的な合意に強行法規性を与

えており，制定当初からの社会状況，産業構造の変化にもかかわらず，この点については何らの法律上の改変がない以上，裁判例が労基法施行時の立法趣旨と軌を一にする考え方によっているのは，むしろ当然であるといわなければならない（労働関係訴訟リーガル・プログレッシブ・シリーズ・シリーズ（渡辺弘，青林書院）181頁）。

　労基法の定める算定による割増賃金の支払に代えて一定額の手当を支払う方法については，基本給のうち割増賃金の部分が明確に区分されていることが必要とする考え方が支配的と思われる（小里機材事件）の（最一小判昭63・7・14労判523号6頁）が，次の最高裁判決は，通常時間の賃金と割増賃金との区分がほとんど明確でない，オール歩合給賃金の場合にも割増賃金が適用されたもので紹介する。

裁判例13

タクシー運転手へのオール歩合給が，割増賃金を含まないとされた最高裁裁判例

　最二小判平6・6・13，高知県観光事件，裁判集民事172号673頁，判時1502号149頁，判タ856号191頁，労判653号12頁

判示事項

　タクシー運転手に対する月間水揚高の一定率を支給するオール歩合給が時間外及び深夜の労働に対する割増賃金を含むものとはいえないとされた事例

判決要旨

　タクシー運転手に対する賃金が月間水揚高に一定の歩合を乗じて支払われている場合に，時間外及び深夜の労働を行った場合にもその額が増額されることがなく，通常の労働時間の賃金に当たる部分と時間外及び深夜の割増賃金に当たる部分とを判別することもできないときは，右歩合給の支給によって労働基準法（平成5年法律第79号による改正前のもの）37条の規定する時間外及び深夜の割増賃金が支払われたとすることはできない。

判　決

　最高裁判所第二小法廷　平成6年6月13日判決言渡

判　　　決

第 2 章　簡裁の個別労働関係訴訟の主な争点

主　　文

原判決を破棄する。

第一審判決主文第一項を次のとおり変更する。

被上告人は，上告人らに対し，別紙請求認容額一覧表（省略）の合計欄に記載の各金員並びに同表の未払割増賃金欄に記載の各金員に対する昭和 63 年 1 月 22 日から完済に至るまで年 5 分の割合による各金員及び同表の付加金欄に記載の各金員に対する本判決確定の日の翌日から完済に至るまで年 5 分の割合による各金員をそれぞれ支払え。

上告人らのその余の請求をいずれも棄却する。

訴訟の総費用は被上告人の負担とする。

理　　由

上告代理人 T の上告理由について

一　原審の適法に確定した事実関係は，次のとおりである。

　1　被上告人は，タクシー業を営む会社であり，上告人 A 及び B は昭和 60 年 6 月 1 日より前から，上告人 C は同年 6 月 17 日から，上告人 D は同年 8 月 23 日から，いずれも被上告人にタクシー乗務員として雇用され，昭和 62 年 2 月 28 日まで勤務してきた。ただし，上告人 B は昭和 61 年 9 月 14 日から同年 11 月 5 日までの期間，上告人 C は同年 9 月 8 日から同年 11 月 28 日までの期間，上告人 D は同年 11 月 27 日から同年 12 月 25 日までの期間は，それぞれ稼働していない。

　2　上告人らの勤務体制は，全員が隔日勤務であり，労働時間は，午前 8 時から翌日午前 2 時まで（そのうち 2 時間は休憩時間）である。上告人らに対する賃金は，毎月 1 日から末日までの間の稼働によるタクシー料金の月間水揚高に一定の歩合を乗じた金額を翌月の 5 日に支払うということになっており，各上告人の歩合の率は，第一審判決の別表に記載のとおりである。なお，上告人らが労働基準法（以下「法」という。）37 条（平成 5 年法律第 79 号による改正前のもの。以下同じ。）の時間外及び深夜の労働を行った場合にも，これ以外の賃金は支給されておらず，右の歩合給のうちで，通常の労働時間の賃金に当たる部分と時間外及び深夜の割増賃金に当たる部分とを判別することもできない。

　3　上告人らの昭和 60 年 6 月 1 日から昭和 62 年 2 月 28 日までの間（以下，この期間を「本件請求期間」という。）における勤務実績は，これを昭和 61 年 12 月から昭和 62 年 2 月までの三箇月間（ただし，上告人 D については昭和 62 年 2 月の 1 箇月間。以下，この期間を「本件推計基礎期間」という。）における上告人らの勤務実績から推計することができるものというべきところ，この期間における上告人らの月間水揚高，総労働時間，時間外の労働時間，深夜労働時間等は，第一審判決の別紙 2 ないし 5 記載のとおりである。

二　上告人らは，右の事実関係に基づいて，上告人らに対しては本件請求期間における
　時間外及び深夜の割増賃金が支払われておらず，この間に上告人らに支払われるべき
　割増賃金の月額は，本件推計基礎期間の割増賃金額の平均月額を基に推計した金額を
　下回ることはないとして，本訴において，被上告人に対し，前記の午前２時以後の時
　間外労働及び午後10時から翌日午前５時までの深夜労働に対する割増賃金等の支払を
　求めている。これに対し，被上告人は，前記の歩合給には，時間外及び深夜の割増賃
　金に当たる分も含まれているから，上告人らの請求に係る割増賃金は既に支払済みで
　あるとしている。

　　この上告人らの請求について，原審は，上告人らに対する本件請求期間の割増賃金
　が支払済みであるとすることはできないとしたものの，午前２時から午前８時までの
　時間については，上告人らが就労する法的根拠を欠き，上告人らがこの時間に就労し
　ても何ら賃金請求権は発生しないとした上で，本件推計基礎期間における前記の勤務
　実績を基に同期間における割増賃金の平均月額を計算し，これによって本件請求期間
　における午後10時から翌日午前２時までの勤務に対する割増賃金額を推計して，上告
　人らの請求を一部認容したが，その余を棄却すべきものと判断した。

三　しかしながら，原審における当事者双方の主張からすれば，上告人らの午前２時以
　後の就労についても，それが上告人らと被上告人との間の労働契約に基づく労務の提
　供として行われたものであること自体は，当事者間で争いのない事実となっているこ
　とが明らかである。したがって，この時間帯における上告人らの就労を，１法的根拠
　を欠くもの，すなわち右の労働契約に基づくものではないとした原審の認定判断は，
　弁論主義に反するものであり，この違法は，判決に影響を及ぼすことが明らかなもの
　というべきである。

　　そうすると，弁論主義違背をいう論旨は理由があり，原判決は，その余の論旨につ
　いて判断するまでもなく，破棄を免れない。

四　そこで，上告人らの本訴請求について判断するに，本件請求期間に上告人らに支給
　された前記の歩合給の額が，上告人らが時間外及び深夜の労働を行った場合において
　も増額されるものではなく，通常の労働時間の賃金に当たる部分と時間外及び深夜の
　割増賃金に当たる部分とを判別することもできないものであったことからして，この
　歩合給の支給によって，上告人らに対して法37条の規定する時間外及び深夜の割増賃
　金が支払われたとすることは困難なものというべきであり，被上告人は，上告人らに
　対し，本件請求期間における上告人らの時間外及び深夜の労働について，法37条及び
　労働基準法施行規則19条１項６号の規定に従って計算した額の割増賃金を支払う義務
　があることになる。

　　そして，本件請求期間における上告人らの時間外及び深夜の労働時間等の勤務実績

は，本件推計基礎期間のそれを下回るものでなかったと考えられるから，上告人らに支払われるべき本件請求期間の割増賃金の月額は，本件推計基礎期間におけるその平均月額に基づいて推計した金額を下回るものでなく，その合計額は，第一審判決の別紙2ないし5記載のとおりとなるものと考えられる。したがって，これと同額の割増賃金及びこれに対する弁済期の後の昭和63年1月22日から完済に至るまで年5分の割合による遅延損害金の支払を求める上告人らの各請求は，いずれも理由がある。また，上告人らは，法114条（昭和62年法律第99号による改正前のもの）の規定に基づき，右の各割増賃金額と同額の付加金及びこれに対する本判決確定の日の翌日から完済に至るまで年5分の割合による遅延損害金の支払を求めているが，本件訴えをもって上告人らが右の請求をした昭和62年12月25日には，本件請求期間における右の割増賃金に関する付加金のうち昭和60年11月分以前のものについては，既に同条ただし書の2年の期間が経過していることになるから，この部分の請求は失当であり，その余の部分に限って右の請求を認容すべきである。

　以上説示したところにより，上告人らの本訴請求をすべて認容した第一審判決は，右の限度でこれを変更すべきである。

　よって，民訴法408条1号，396条，384条，386条，96条，92条に従い，裁判官全員一致の意見で，主文のとおり判決する。

（裁判長裁判官木崎良平　裁判官中島敏次郎　裁判官大西勝也　裁判官根岸重治）
上告代理人Tの上告理由（省略）

裁判例14

使用者の意図的な賃金不払いは，刑事・民事上も法規に反し強い違法性を認め，賃金の他，精神的慰謝料の支払いを認めた簡裁裁判例
　東京簡判平21・8・10最高裁ホームページ下級

判決要旨

　直接的には労働契約上の債務不履行ではあるが，意図的な賃金不払いであれば刑事上の罰金刑の制裁があるほか，民事上も労働法規に反し，又はこれを潜脱して社会政策上優先的に保護されるべき労働者の生活の糧である賃金請求権を無にするものとして，強い違法性のある行為であるとして，賃金のほか精神的慰謝料を一部認めた。

判　決

東京簡易裁判所　平成21年8月10日判決言渡

平成 21 年（少コ）第 1810 号　未払賃金等請求事件（通常手続移行）

判　　決

主　　文

1　被告は原告に対し，金 34 万 9000 円，並びに，内金 26 万 9000 円に対する平成 21 年 3 月 17 日から支払済みまで年 14.6 パーセントの割合による金員及び内金 8 万円に対する平成 21 年 3 月 17 日から支払済みまで年 5 パーセントの割合による金員を支払え。

2　原告のその余の請求を棄却する。

3　訴訟費用はこれを 10 分し，その 7 を被告の負担とし，その余を原告の負担とする。

4　この判決は，第 1 項に限り仮に執行することができる。

事実及び理由

第 1　請求の趣旨

　　被告は原告に対し，金 51 万 9000 円，並びに，内金 26 万 9000 円に対する平成 21 年 3 月 17 日から支払済みまで年 14.6 パーセントの割合による金員及び内金 25 万円に対する平成 21 年 3 月 17 日から支払済みまで年 5 パーセントの割合による金員を支払え。

第 2　事案の概要

1　請求原因の要旨

⑴　原告は，平成 20 年 12 月 1 日から同 21 年 2 月 17 日まで，以下の条件で被告にホステスとして雇用されていた。

日給	2 万 7000 円
指名料	1 回 2000 円
同伴料	1 回 3000 円
支払日	月末締め翌月 15 日支払い

⑵　原告は，平成 21 年 2 月 1 日から退職の意思表示をした 17 日までの間に合計 9 日間（2 日，3 日，4 日，9 日，10 日，12 日，13 日 16 日，17 日）出勤し，指名 7 回を得て，4 回同伴した。この間の賃金額は，以下のとおり，合計 26 万 9000 円となる。

日給	24 万 3000 円（¥27,000 × 9）
指名料	1 万 4000 円（¥2,000 × 7）
同伴料	1 万 2000 円（¥3,000 × 4）

⑶　被告は，原告からの内容証明郵便による請求に対しても不合理な弁解を弄して支払わないだけでなく，勤務開始後短期間のうちに何度も勤務条件を一方的に変

更してくるなどの不誠実な対応を繰り返したため，原告は退職せざるを得なく
なった。このような被告の不誠実な行為により初めてホステス業務を行った原告
は精神的苦痛を受けた。これを慰謝するための慰謝料は25万円を下らない。

2　被告の主張要旨

(1)　被告が原告を雇用していたとの事実は争う。その余の事実は知らない。

(2)　被告はA株式会社（以下「A」という。）の支配人であり，原告と被告個人との
間では，原告の請求の根拠となり得る契約は締結されていない。

(3)　甲4号証に記載されたAの住所は，B労働基準監督署から提示された報告書の
ひな型に対応して「クラブC」の所在地を記載したものであり，Aの住所（本店
所在地）を記載したものではない。したがって，甲4号証の記載住所に基づいた
甲5号証ないし甲6号証によってAの法人登記が確認されないのは当然である。

3　本件の争点

(1)　原告と被告の間で本件契約が締結されたか

(2)　未払賃金額

(3)　慰謝料請求が認められるか

第3　当裁判所の判断

1　認定事実

証拠及び弁論の全趣旨によれば，次の事実を認めることができる。

(1)　原告は，平成20年12月はじめ頃，ウェブサイトで知ったホステス業務の仲介
人Dの面接を受け，紹介された数店を廻った上で，被告の店で働くことを決めた。
写真つきの履歴書を提出して被告のE営業部長（以下「E」という。）の採用面接
を受け，Eからオーナーが採用を決めること，オーナーが採否を決めるについて
は写真がすべてであること，採用となればDを通じて連絡することを告げられた。
原告は採用され，平成20年12月初旬から勤務開始となった。店での源氏名は
「F」とされた（原告本人）。

(2)　「クラブC」の店にはEが店長のような立場で常駐しており，ママ（多くの従業
員が被告と夫婦関係にあるとみていた）とともに店を運営していた。入店後，E
がいうオーナーが被告であることがわかった。被告は，月の初めのミーティング
の時には必ず来てミーティングを取り仕切っていたほか，店の様子を見に来たり
客を連れて来た時にも，他の従業員等は被告をオーナーとして迎え，被告もオー
ナーとして振る舞い，被告の席に呼ばれると原告や他のホステス達も緊張してい
た（原告本人）。

(3)　当初の勤務条件は日給2万8000円，指名料1回2000円，同伴料1回3000円，
勤務時間午後8時から午前1時であったが，2月から出勤時刻を午後8時30分に

繰り下げてもらうことに伴い日給2万7000円となった。業務内容は，自分で客を連れてきて売上を上げるのではなく，店のママや他のホステスのお客にヘルプとしてつく，いわゆるヘルプ専門の役割であった。契約内容に関する書類が作成されることはなかった（原告本人）。

(4) 被告は，平成21年1月末頃から，当初合意していた労働条件の変更を求め，ヘルプ専門の役割であるのに，「自分で客を呼んで来い」，「呼べないと他の客にヘルプとしてついても1月分の給料は払わない」，「ヘアセット代は被告関連の美容院以外でやったものについては払わない」，などと要求した。そのため，原告は知人のGに依頼して2月17日に客として来てもらい，その飲食代3万2000円は原告が負担することによって1月分の給料の支払を受けた。原告は，2月17日限りで退職する旨を被告に告げた。

(5) 原告が本件未払賃金についてB労働基準監督署に相談し，その上で被告宛てに賃金請求書（甲3）を出したのを受けて，被告が同署長宛に提出した報告書（甲4）には「東京都港区a町b番c―d号　HJビル4FクラブC　A株式会社支配人　I」との記載があるが，当該住所地　にはAの法人登記は確認できない（甲5,6）。被告は，同報告書の中で，①原告は指名本数，売上額で報酬が変わること，②顧客の売掛管理も行っている下請負人であること，③仮に雇用契約があるとすれば，当社（A）と原告の契約は継続中であること等を説明している（甲4）。

(6) 被告は港区役所生活衛生センターに対する届出を「クラブC」名義で行い，経営者は「港区a町b番c―d号Jビル4F　有限会社K」としているが，当該住所では有限会社K（以下「K」という。）の法人登記は確認できない（甲7）。

2 争点(1)（原告と被告の間で本件契約が締結されたか）について

(1) 被告は第1回及び第2回口頭弁論期日に出頭しないが，陳述したものとみなした答弁書及び準備書面において，被告はAの支配人であり，原告と被告個人との間では原告の請求の根拠となる契約は締結されていないとして原告を雇用していた事実を争っているが，それ以上の具体的な主張・反論をしない。しかし，前記認定の面接・採用の経緯，被告が「クラブC」においてオーナーとして振る舞い，他の従業員等もオーナーとして迎えていたこと，B労働基準監督署長宛の報告書の記載からすると，被告が「クラブC」における最高責任者（最終意思決定権者）であるとみるのが相当である。

(2) また，B労働基準監督署長宛報告書（甲4）では，「A株式会社支配人」との肩書で，原告とAとの間での労働契約があることを前提とした説明をしているが，陳述したものとみなした準備書面(1)では，提示された報告書のひな型に対応して「クラブC」の所在地を記載したもので，Aの住所を記載したものではないから，

第2章　簡裁の個別労働関係訴訟の主な争点

報告書記載の住所でAの法人登記が確認されないのは当然であると主張するのみ
で，Aの本店所在地や，被告との関係等を具体的に明らかにした反論をしない。
仮に被告が会社の支配人であれば，容易にその会社の登記簿上の本店所在地を明
らかにすることが可能であるにもかかわらず，これを明らかにしない被告の行為
は，原告主張事実に対する否認の理由としては極めて不充分なものであるだけで
なく（民事訴訟規則79Ⅲ），訴訟手続における信義誠実の原則（民事訴訟法2条）
にも反するものであるといわざるを得ない。

(3)　前記の認定事実に加え，本件訴訟の弁論終結に至る過程での前記の被告の対応
を弁論の全趣旨として考慮すると，被告は法人登記をしないままにAやKの名称
を通称・屋号として使用しながら「クラブC」の経営をしているものと認めるの
が相当である。そうすると，原告と被告との間で本件労働契約が成立しているも
のと認められる。

3　争点(2)（未払賃金額）について

(1)　平成21年2月1日以降の原告の給与条件は，前記認定のとおり日給2万7000
円，指名料1回2000円，同伴料1回3000円，勤務時間20時30分から23時であ
る。証拠（甲2，甲3，原告本人）によれば，2月1日から17日までの勤務日数
等は，原告主張のとおり合計9日間（2日，3日，4日，9日，10日，12日，13日，
16日，17日）出勤し，指名7回，同伴4回と認められる。

(2)　以上の勤務実績を前記の給与条件に当てはめて計算すると，以下のとおり，未
払賃金額は合計26万9000円となる。

　　日給　　　　　24万3000円（¥27,000×9）

　　指名料　　　　1万4000円（¥2,000×7）

　　同伴料　　　　1万2000円（¥3,000×4）

4　争点(3)（慰謝料請求が認められるか）について

(1)　本件契約の当初から本件訴訟の弁論終結に至るまでの，被告の対応を検討する。

　(ア)　まず契約の時点では，契約書，労働条件通知書等の労働条件を明示した書面
を原告に作成・交付せず，労働関係法規の定めに反している（労働基準法15条
1項，同法施行規則5条3項）。

　(イ)　次いで，勤務開始後においては，被告は，当初の労働条件の変更を求め，自
分で客を呼んで来ないと1月分の給料を払わない，ヘアセット代は被告関連の
美容院以外でやったものについては払わない，などと一方的に要求して，原告
が飲食代3万2000円を自己負担して知人に客として来てもらうなどの対応を余
儀なくさせている。

　(ウ)　さらに，原告がB労働基準監督署に相談した後は，同署長宛て報告書（甲4）

では，Aの支配人の肩書で原告とAとの間で労働契約があることを前提とした説明をしているが，本件訴訟における主張としては，原告と被告個人との契約はないと争いながら，Aの法人登記の有無や本店所在地，被告との関係等を具体的に明らかにした反論をしない。

⑵　以上，被告の一連の対応をみると，被告は労働法規に反して労働条件を明示しなかっただけでなく，労働条件の変更を一方的に要求し，原告が法的救済を求めようとすると訴訟手続における信義誠実の原則（民事訴訟法2条）にも反する行為により雇用主が誰であるのかを不明確にし，原告の賃金請求権の行使を困難にして賃金支払義務を免れようとしているものと推認される。被告のこのような行為は，直接的には労働契約上の債務不履行ではあるが，意図的な賃金不払いであれば刑事上は罰金刑の制裁（労働基準法120条1号，24条）があるほか，民事上も労働法規に反し又はこれを潜脱して，社会政策上優先的に保護されるべき労働者の生活の糧である賃金請求権を無にするものとして，強い違法性を帯びる行為というべきである。

⑶　そうすると，原告にとっては，財産的損害の賠償として未払賃金の支払を受けただけでは，なお法的に損害が填補されたと評価できないほどの精神的苦痛等の非財産的損害の発生が社会通念上認められる場合に当たると解され，これを慰謝するための慰謝料請求が認められるべきである。一連の経過，並びに，原告が1月分の給料の支払いを受けるために知人に客として来店してもらい，その際の飲食代金3万2000円を自己負担していることを考慮すると，本件の慰謝料額は金8万円が相当と認める。

5　まとめ

以上のとおり，原告と被告の間で本件労働契約が締結されたこと，未払賃金額は26万9000円と認められ，一連の経過に照らして金8万円の慰謝料請求が認められるので，原告の請求はこの限度で理由があるのでこれを認容し，その余は理由がないのでこれを棄却することとして，主文のとおり判決する。

東京簡易裁判所民事第9室

裁判官　藤岡謙三

第3章　解雇予告手当金および労働基準法114条の付加金支払請求事件

第1　解雇予告手当請求事件

1　解雇予告手当

　　使用者は，労働者を解雇する場合には，少なくとも30日前には解雇の予告をするか，又は30日分以上の平均賃金を支払わなければならない（労基法20条1項本文）。解雇の予告日数は，平均賃金を支払った日数分短縮することができる（同条2項）。

2　解雇予告手当の計算方法

　　解雇予告をしないで即時に解雇しようとする場合は，解雇と同時に平均賃金（過去3か月間における1日あたり賃金）の30日以上の解雇予告手当を支払わなければならない。なお，解雇しようとする日までに30日以上の余裕がないときは，解雇の予告をしたうえで，30日に不足する日数分の解雇予告手当を支払うことが必要である。

3　平均賃金

　　平均賃金とは，算定すべき事由の発生した日以前3か月間に，労働者に支払われた賃金の総額を，その期間の総日数で除した金額をいう（労基法12条1項本文）。

　　上記の期間は，賃金締切日がある場合は，解雇の直前の賃金締切日から起算する（同条2項）。なお，締切日は算入する（民法140条但書）。この期間が，雇入れから3か月に満たない場合は，雇入れ後の期間とする（労基法12条6項）（労働事件審理ノート第3版（山口幸雄他，判例タイムズ社）105頁）。

　　平均賃金は，原則として，次の⑴と⑵を比較して高いほうをとる。

⑴　$\dfrac{過去3か月間の賃金の合計}{過去3か月間の暦日数}$

⑵　$\dfrac{過去3か月の賃金の合計}{過去3か月間の労働日数} \times 0.6$　（注）

　　（注）日給，時間給，出来高払いの場合，賃金の一部が月給で決められている場合などについては計算方法が異なる。

— 90 —

4　解雇予告手当の支払時期

　解雇予告をしないで即時に解雇しようとする場合は，解雇と同時に支払うことが必要である。解雇予告と解雇予告手当を併用する場合は，遅くとも解雇の日までに支払うことが必要である。

5　解雇予告除外認定基準

　労働基準監督署では「従業員の責に帰すべき事由」として除外認定申請があったときは，従業員の勤務年数，勤務状況，従業員の地位や職責を考慮し，次のような基準に照らし使用者，従業員の双方から直接事情を聞いて認定するかどうかを判断する（労基法20条3項・19条2項）。

⑴　会社内における窃盗，横領，傷害等刑法犯に該当する行為があった場合

⑵　賭博や職場の風紀，規律を乱すような行為により，他の従業員に悪影響を及ぼす場合

⑶　採用条件の要素となるような経歴を詐称した場合

⑷　他の事業へ転職した場合

⑸　2週間以上正当な理由なく無断欠勤し，出勤の督促に応じない場合

⑹　遅刻，欠勤が多く，数回にわたって注意を受けても改めない場合

　以上が主な解雇予告除外認定事由である（改訂新版労働基準法（上）（厚生労働省労働基準局，労務行政）303頁）。

6　解雇予告除外が認められない場合

　社内で懲戒解雇と処分されても，解雇予告除外認定が受けられない場合もある。この場合は，解雇予告手当を支払う必要がある。懲戒解雇が有効か否かは，最終的には裁判所の判断によることになる。

7　解雇制限期間

　次の期間は解雇を行うことができない。

⑴　労災休業期間とその後の30日間

⑵　産前産後休業期間とその後30日間

　（注）婚姻・妊娠・出産や産前産後休業の取得を理由とする女性労働者の解雇，育児・介護休業の申出又は取得を理由とする解雇などは，法律の規程により禁止されている（男女雇用機会均等法，育児，介護休業法）。

第2 付加金支払請求事件

1 付加金の意義・性質等

裁判所は，労基法20条（解雇予告手当），26条（使用者の責に帰すべき休業の場合の手当），37条（割増賃金）の規定に違反し，又は39条6項の期間（年次有給休暇の期間）における賃金を支払わなかった使用者に対し，労働者の請求により，本来使用者が支払うべき金額の未払金と同額の付加金の支払を命じることができる（同法114条1項本文）。

(1) 解雇予告手当（労基法20条）

(2) 休業手当（同26条）

(3) 時間外の割増賃金（同37条）

(4) 有給休暇中の賃金（同39条7項）

この付加金支払義務は，裁判所がその支払を命じ，その判決の確定によって初めて発生する義務と解されている。

したがって，口頭弁論終結時までに，使用者が支払うべき金額に相当する金員を支払って義務違反の状況を消滅させた場合には，裁判所は付加金の支払を命じることはできないと解される。

付加金の請求は，違反のあったときから2年以内にしなければならない（労基法114条1項但書）。なお，東京地裁労働部においては，付加金は，附帯請求として，訴額に算入しない取扱いをしている（労働事件審理ノート第3版（山口幸雄他，判例タイムズ社）106頁）。

2 請求額

本来支払われるべき手当等と同額である。

※除斥期間（違反＝未払のあったときから2年間）経過後は請求できない。

3 遅延損害金

(1) 付加金に対する遅延損害金の請求は可能である。

(2) 起算日は，付加金支払を命じる判決確定日の翌日である。

(3) 利率は，民事法定利率の5パーセントである。

4 仮執行宣言

付することはできない。

※付加金支払義務は，使用者の義務違背に対する制裁として発生する労働基準法上の義務であるから，支払を命ずる判決は，民訴法259条1項の「財産上

の請求に関する判決」には該当しないと解釈すべきである。(下線部筆者)

5 訴額への算入

東京地裁労働部は，附帯請求として，訴額に算入しない取扱をしている。(民訴法9条2項の違約金と解していると思われる。)

6 裁判所が支払を命じるべき額

(1) 上限は，口頭弁論終結時における未払金額である。

※使用者側が未払金を支払い，義務違背の状態が消滅したときは，裁判所は，付加金の支払を命じ得なくなる（申立前に義務違背の状態が消滅した場合は，申立をすることができない。）。

(2) 「付加金の支払を命じない，又は一部減額して支払を命ずることができる」とする見解に立脚した裁判例が相当数存在する。

このような裁判例では，次のことが指摘されている

ア　割増賃金等の不払が労使合意に基づくものである。

イ　労働基準監督署が不払の事実を認知していたにもかかわらず，特段の指導をしていない。

ウ　相当額の一部支払がある。

エ　労働者の受けた不利益が小さい。

※付加金に関する裁判例

(ｱ)　福岡地判昭47・1・31　（労判146号36頁）

(ｲ)　京都地判平4・2・4　（労判606号24頁）

(ｳ)　大阪地判平8・10・2　（判タ937号153頁）

(ｴ)　東京地判平8・10・14　（労判706号37頁）

(ｵ)　大阪地判平13・10・19（労判820号15頁）

(ｶ)　東京地判平20・1・28　（労判953号10頁）

7 最高裁裁判例等

(1) 最判昭35・3・11（細谷服装店事件・判タ103号26頁）

最二小判昭35・3・11民集14巻3号403頁・判時218号6頁・判タ103号27頁（要旨）

ア　使用者が労働基準法20条所定の予告期間をおかず，また予告手当の支払をしないで労働者に解雇の通知をした場合，その通知は，即時解雇としては効力を生じないが，使用者が即時解雇を固執する趣旨でない限り，通

第3章　解雇予告手当金および労働基準法114条の付加金支払請求事件

知後同条所定の30日の期間を経過するか，または予告手当の支払をした
ときに解雇の効力を生ずるものと解すべきである。

イ　労働基準法114条の付加金支払義務は，使用者が予告手当等を支払わな
い場合に当然に発生するものではなく，労働者の請求により裁判所がその
支払を命ずることによって，初めて発生するものであるから，使用者に労
働基準法20条の違反があっても，すでに予告手当に相当する金額の支払
を完了し，使用者の義務違反の状況が消滅した後においては，労働者は，
付加金請求の申立てをすることができないものと解すべきである。

(2)　最判昭51・7・9（新井工務店付加金請求事件）

8　付加金支払義務について判断した最高裁裁判例

付加金支払義務は，裁判所がその支払を命じ，その判決の確定によって初め
て発生すること，付加金を請求する場合の遅延損害金の起算日は，当該判決確
定の日の翌日になること，付加金支払義務は，使用者が予告手当等を支払わな
い場合に当然に発生するものではなく，労働者の請求により裁判所がその支払
を命ずることによって初めて発生するものであることを判断した最高裁判決と
しては次の2つの判例が参考となる。

(1)　最一小判昭43・12・19裁判集民事93号713頁（要旨）

付加金を請求する場合の遅延損害金の起算日は，当該判決確定の日の翌日
になるとした事例。

判決では，付加金の支払義務は，裁判所がその支払を命ずることによっ
て，初めて発生するものと解すべきであるから，付加金に対する遅延損害金
の起算日を判決確定の日の翌日とした原審の判断は，相当であるとした。

（注）付加金請求権は，裁判所が判決でこの給付を命じ，それが確定する
ことによって初めて生じるものである。したがって，この判決には，仮執行
宣言を付すことはできない扱いとなる。

(2)　最一小判昭50・7・17裁判集民事115号525頁・判時783号128頁（要
旨）

付加金を請求する場合の遅延損害金の起算日は，当該判決確定の日の翌日
になるとした事例。

（判決理由抜粋）

（三）所論は，更に，労働基準法114条の附加金の支払義務は，その支払
いを命ずる判決があれば，その判決確定前に発生し，かつ，それと同時に右
附加金に対する遅延損害金も発生すると解すべきであるとし，およそ附加金

— 94 —

第2　付加金支払請求事件

に対する遅延損害金は発生する余地がないとした原判決には，法律の解釈を
誤った違法がある，という。

　思うに，同法114条の附加金の支払義務は，その支払いを命ずる裁判所の
判決の確定によって初めて発生するものであるから，右判決確定前において
は，右附加金支払義務は存在せず，したがって，これに対する遅延損害金も
発生する余地はないが，右判決の確定後において，使用者が右附加金の支払
いをしないときは，使用者は履行遅滞の責を免れず，労働者は使用者に対し
右附加金に対する民法所定年5分の割合による遅延損害金の支払いを請求し
うるものと解するのが相当である（当裁判所昭和43年㋺第1060号，第
1061号同年12月19日第一小法廷判決・裁判集民事93号713頁参照）。

　ところで，上告人は，本件において，附加金5万5770円に対する右附加
金の支払いを命じた本件第1審判決の正本が被上告人に送達された日の翌日
である昭和48年2月1日から支払済みに至るまで1日409円の割合による
遅延損害金の支払いを求めるものであるところ，さきに説示したところに照
らせば，上告人の右請求中右附加金の支払いを命じた判決の確定の日までの
遅延損害金の支払いを求める部分及び右判決確定の日の翌日から支払済みに
至るまで年5分の割合をこえる遅延損害金の支払いを求める部分は，失当と
して排斥を免れないが，右請求中のその余の部分，すなわち，右判決確定の
日の翌日から支払済みに至るまで年5分の割合による遅延損害金の支払いを
求める部分は，被上告人が上告人に対し本件解雇予告手当を支払わず，その
ため本件附加金の支払いを命ぜられるに至った本件訴訟の経緯に徴すれば，
上告人においてあらかじめ右遅延損害金の支払いを訴求する必要のあること
も肯認できるから，正当として認容すべきである。したがって，原審が，労
働基準法114条の附加金の支払いに遅滞があっても遅延損害金は発生しない
との理由で，上告人の右部分の遅延損害金請求を棄却したのは違法というべ
きであり，原判決の違法をいう論旨は，右の限度において理由があるものと
いわなければならない。

裁判例15

賃金の一部は認めたが，解雇予告手当と不法行為は認めなかった簡裁裁判例
　東京簡判平16・11・30最高裁ホームページ下級

第3章　解雇予告手当金および労働基準法114条の付加金支払請求事件

判決要旨

　賃金（時間外手当）請求について，被告が使用者として従業員の勤務時間を管理していない以上，予約表に基づいて勤務時間を把握することは，仕事の実体に沿うものであり，合理的な方法であると考えられるから，これに基づいて作成された勤務時間表の勤務時間は相当であるとして，賃金の一部を認容し，解雇予告手当と不法行為は棄却した。

判　決

東京簡易裁判所　平成16年11月30日判決言渡

平成16年（少コ）第2968号　賃金等請求事件

少額訴訟判決

主　　文

1　被告は，原告に対し，26万9984円を支払え。

2　原告のその余の請求を棄却する。

3　訴訟費用は，これを5分し，その3を原告の負担とし，その余は被告の負担とする。

4　この判決は，第1項に限り，仮に執行することができる。

事実及び理由

第1　請求

　　被告は，原告に対し，60万円を支払え。

第2　事案の概要

1　請求原因の要旨

　　原告は，被告に対し，

⑴　原告の被告に対する平成11年7月11日締結の雇用契約に基づく平成14年7月1日から同16年4月30日までの間の別紙時間外手当金合計53万9968円

⑵　原告の被告に対する上記雇用契約の平成16年6月23日解雇に基づく解雇予告手当金15万6843円

⑶　原告が被告代表者に対し，平成16年6月23日，時間外労働による残業代について質問をしたら，同代表者は激怒し，当日以降に仕事の予約が入っていたが，首だと告げられ，直ちに荷物をまとめて帰るように言われ，また，店舗のある青山の地を歩くなと言われた上，美容師として仕事を続けるなら就職先にも今回のことを報告し，働けなくすると捨てぜりふを言われたことによる精神的苦痛に対する，原告の被告に対する不法行為による慰謝料10万円の合計79万6811円のうち60万円の支払を求める。

— 96 —

2　被告の主張

(1)　請求原因の要旨(1)の事実について

　　原告の時間外手当金の計算は，その根拠が不明であり，認めることはできない。被告の勤務時間は，営業の性質上，遅番，早番の交代制，休憩時間の交代制を導入し，有給休暇と合わせて社員間で調整している。タイムカードは存在するが，欠勤しているか否かの指標に過ぎず，出勤，退出時刻の記載は，仕事の開始，終了時間に合わせたものではない。

(2)　請求原因の要旨(2)の事実について

　　被告は，原告に対し，平成16年3月25日ころ4月末に解雇する旨の予告をし，同年4月30日に解雇したものであるから，解雇予告手当を支払う必要はない。

(3)　請求原因の要旨(3)の事実について

　　被告は，原告に対し，解雇後の救済措置として，いわゆる「鏡貸し」の方法で被告の施設を使用することを認めたが，平成16年6月23日，原告が救済措置の事実を誤認し，不信感を募らせたので，これ以上作業スペースを共有することは被告の不利益になると判断して，荷物をまとめて帰るように言ったものである。その際，被告代表者は，今後原告が美容師を続けるに当たっての一般的な助言をしたが，原告をおとしめるような意図を持って発言したものでなく，またその事実もない。したがって，原告の被告に対する慰謝料請求は認められない。

第3　当裁判所の判断

1　請求原因の要旨(1)について

(1)

　原告本人及び証人Aの供述並びに給与明細書（甲1から4）によれば，原被告間の雇用契約の内容は，勤務時間は10時30分から19時までが基本であるが，遅番，早番の交代制を採用し，賃金は基本給16万円及び勤続手当3000円（平成15年9月からは，勤続手当が4000円となった。）の月給制であり，原告は雇用期間中，美容院の仕事柄，客待ちで待機中も集客活動をしたり，客の予約時間の関係から，勤務時間を過ぎても就労していたことが認められる。

(2)

　原告本人の供述によれば，原告は，予約表に基づいて勤務時間を把握し，これに基づいて勤務時間表（甲9）を作成していることが認められる。被告は，タイムカードを使用しているが勤務時間を把握するものではない旨自認するところであり，また，証人Aは，被告を含めて，一般的に美容院では，仕事柄，従業員の勤務時間を管理していない状況である旨供述する。そうすると，被告が使用者として従業員の勤務時間を管理していない以上，予約表に基づいて勤務時間を把握することは，仕事の実態にも沿うものであり，合理的な方法であると考えられるから，これに基づいて作成された勤務時間表（甲9）の勤務時間は相当であると

いうべきである。自ら従業員の勤務時間を管理していないのに，原告の計算はその根拠が不明であり，認めることはできないとする被告の主張は失当である。

(3)　そこで，雇用期間中の時間外手当を計算するが，原告は被告から平成14年7月当時から賃金として月額16万3000円（平成15年9月から16万4000円）を給付されていたことが認められ（甲1から4），これに基づいて，勤務時間表（甲9）記載の勤務時間を下に計算すると，別紙時間外手当金計算書のとおり平成15年6月1日から同16年4月30日までの時間外手当金は26万9984円となる。原告が別紙時間外手当金計算書で主張する平成14年7月1日から同15年5月31日までの時間外手当金については，具体的な金額を算定するための資料がないので，原告が時間外勤務をしていたと推測して，その後の平均月額に基づいて時間外手当金を推認することはできない。そうすると，この期間の時間外手当金を認めるべき証拠がないから，この手当金の支払を認めることはできない。

2　請求原因の要旨(2)の事実について

(1)　原告本人及び証人Aの供述によれば，原告は，被告代表者から平成16年3月25日ころ，同年5月からは週3日程度の勤務で歩合給とする旨の告知を受け，原告もそれを了解したことが認められる。そして，原告は，美容師の業界では他人の施設を借りて個人として仕事をする「鏡貸し」と称する方法で仕事をする場合には，常勤でなく歩合給として働くことを知っていたと認められる。また，給与明細書（甲1，2）及び歩合給明細書送付書（甲5）によれば，平成16年5月支給分（4月分）の給与までは基本給が16万4000円であり，所得税が差し引かれていたが，平成15年6月支給分（5月分）からは基本給の支給はなく，売上手当の支給となっていることが認められる。

(2)　以上の事実によると，被告は，原告に対し，平成16年3月25日ころ解雇する旨の予告をし，同年4月30日をもって解雇したと認めるのが相当である。原告は，平成16年6月23日に被告から即日解雇されたと主張するが，これを認めるに足りる証拠はないから，この主張は採用しない。なお，平成16年6月及び7月支給分（5月分及び6月分）から雇用保険料が控除されているが（甲1），この一事を持って平成16年5月以降も雇用契約が継続していたと認めることはできない。

3　請求原因の要旨(3)の事実について

原告の主張によれば，原告は，平成16年6月23日に時間外手当の質問をしたら，被告代表者から怒られ，仕事の予約が入っていたにもかかわらず首だと告げられ，直ちに荷物をまとめて帰るように言われたこと，及び被告代表者から店舗のある青山の地を歩くなと言われた上，美容師として仕事を続けるなら就職先にも今回のこ

とを報告し，働けなくすると捨てぜりふを言われたことにより精神的苦痛を受けた
として，被告に対して不法行為に基づく慰謝料請求をしていることが認められる。
しかし，前者の被告代表者の言辞は，被告代表者が被告の利益を考慮して発言した
ものと評価できるとしても，その言辞が原告に精神的な苦痛を与えるような違法な
行為であると認めるに足りる証拠はない。また，後者の被告代表者の言辞は，被告
代表者が個人として発言したものと考えるのが相当であり，そうすると，被告に対
して不法行為に基づく慰謝料請求をすることは相当ではなく，仮に被告としての発
言としても，その言辞が原告に精神的な苦痛を与えるような違法な行為であると認
めるに足りる証拠はない。

4　以上から，原告の請求は，時間外手当金請求のうち平成15年6月1日から同16
年4月30日までの間の26万9984円の限度で理由があり，その余の部分並びに解雇
予告手当金請求及び不法行為に基づく慰謝料請求は，いずれも棄却する。

東京簡易裁判所少額訴訟4係

裁判官　行田　豊

（別紙）

時間外手当金計算書

平成14年7月分から同15年5月分までの間の合計26万9984円

　（後記平成15年6月分から同16年4月分までの間の時間外手当金合計26万9984円に
ついて，月平均額を計算し，その金額に同14年7月分から同15年5月分までの月数を掛
けた金額である。計算式：26万9984円÷11か月×11か月＝26万9984円）

平成15年6月分から同16年4月分までの間の合計26万9984円

　（内訳）　（賃金額）÷（労働時間）＝（時給），（時給）×（超過時間）×1.25＝（時
間外手当金）

H15.6月分　163,000円÷179時間　＝910円，910円×　20時間×1.25＝22,750円

H15.7月分　163,000円÷169時間　＝964円，964円×13.5時間×1.25＝16,267円

H15.8月分　163,000円÷180.5時間＝903円，903円×　27時間×1.25＝30,476円

H15.9月分　164,000円÷173.5時間＝945円，945円×　22時間×1.25＝25,987円

H15.10月分　164,000円÷194.5時間＝843円，843円×19.5時間×1.25＝20,548円

H15.11月分　164,000円÷166時間　＝987円，987円×　20時間×1.25＝24,675円

H15.12月分　164,000円÷180.5時間＝908円，908円×　21時間×1.25＝23,835円

H16.1月分　164,000円÷174.5時間＝939円，939円×　24時間×1.25＝28,170円

H16.2月分　164,000円÷178.5時間＝918円，918円×　22時間×1.25＝25,245円

H16.3月分　164,000円÷187時間　＝877円，877円×24.5時間×1.25＝26,858円

第3章　解雇予告手当金および労働基準法114条の付加金支払請求事件

H16.4 月分　164,000 円 ÷ 171 時間　＝ 959 円，959 円 × 　21 時間 × 1.25 ＝ 25,173 円

以　上

労働者の退職予定日前の使用者による解雇の場合

労働者の自己都合退職予定日が決まっていたとしても，退職日以前に使用者の都合により前倒しで即時退職させた場合は，即時「解雇」と認定され，労働者の生活保障として解雇予告手当の支払が必要となる。

裁判例 16

依頼退職予定日前に使用者の都合で即時解雇と認めた簡裁裁判例
東京簡判平 28・4・14 公刊物未登載

判決要旨

労働者から提示された退職届の退職予定日を，使用者の都合で，前倒しで退職させた場合は，「解雇」と認定され，労働者の生活保障として解雇予告手当の支払が必要となるが，解雇日から労働者より申し出のあった退職日までを，休業手当（平均賃金の 6 割）が支払われて手当がなされているとして，解雇予告手当の請求を認めなかった。

判　決

東京簡易裁判所　平成 28 年 4 月 14 日判決言渡
平成 28 年（少コ）第 333 号　解雇予告手当等請求事件

少額訴訟判決

主　　文

1　原告の請求を棄却する。
2　訴訟費用は原告の負担とする。

事実及び理由

第1　請求

被告は，原告に対し，金 34 万 1487 円及びこれに対する平成 27 年 9 月 24 日から支払済みまで年 5 分の割合による金員を支払え。

第2　事案の概要

原告が，平成 27 年 2 月 28 日に被告と雇用契約を締結し，同年 9 月 9 日に同年 10 月 8 日付で自己都合退職する旨の退職届（乙第 2 号証）を出したが，被告代表者の S（以下「S」という。）から，同年 9 月 23 日に，何らの根拠もなく，原告が精神

— 100 —

病（アルツハイマー病）であるから，明日から来なくてよいと即時解雇されたとして，解雇予告手当金 33 万 9737 円から，同年 11 月 27 日に被告から休業補償として給付を受けた 11 万 8250 円を控除した 22 万 1487 円と，被告の雇用期間中に原告所有のお客様用の器を原告に有償で貸していたとして，器の使用料として 12 万円の合計 34 万 1487 円及び民法所定の遅延損害金の支払いを求めるものである。

第 3　争点

1　退職願提出後，退職するまでの解雇は即時解雇にあたるか否か。被告は解雇予告手当の支払義務があるか否か。

2　原告が被告に貸していた器は賃貸借か使用貸借か。

第 4　当裁判所の判断

　　証拠（甲第 1 号証ないし第 4 号証，乙第 1 号証の 1 ないし第 5 号証，原告本人）及び弁論の全趣旨によれば，次の事実が認められる。

　　争点 1 について

1　原告の供述によれば，すし職人として 43 年の大ベテランであり，平成 27 年 2 月 28 日に被告に採用されてからは，A 店の責任者ですし職人としてカウンターで働いていたことが認められる。その後，同年 7 月 2 日に被告からの命令で被告のホテル N（以下「ホテル」という。）に異動になったが，そこでは責任者ではなく，しかも本職のすし部門ではなく，厨房で和食を担当するよう命ぜられていたことが認められる。そのこともあり，長年すし職人一筋として働いていた原告は，ホテルでの厨房は不慣れであったことが認められる。すなわち，デザートの注文があった際，お客の依頼したぶどうゼリーではなく，プリンをお客に出してしまったミスを犯したことがあったが，その原因は，原告が間違えたのではなく，厨房の他の板前が間違えて出したものであった。そのような事実を確認することなく，S は，ホテルで出す味噌汁の味が薄すぎるというような原因も原告のうっかりミスによるものと思い込み，原告がアルツハイマー病であるなどと言って，このままだと給料を下げると言った。原告は，社長の S から精神病扱いの言葉を浴びせられ，給料も下げると言われたことから，ただでさえ A 店では責任者手当が出ていたのに，ホテルに異動させられてからは，責任者ではなく，ヒラの板前としてしかも不慣れな厨房での和食担当にさせられ，謂れのないミスを自分のミスだと断定された上，病人扱いされ，給料を下げると言われたので，被告会社ではやっていく気が萎えてしまい，8 月下旬に自ら S に退職したいと申し出て，どうしたらよいかと S に問うたところ，S から退職届を出すように言われ，10 月 8 日付で自己都合退職する旨の 9 月 9 日付退職届（乙第 2 号証）を提出したことが認められる。

2　ところが，原告自身から 10 月 8 日には任意退職すると申し出ていたにもかかわら

― 101 ―

ず，9月23日に，Sは，原告に対し，「あんたはアルツハイマー病だから病院に行ったほうがいい。うちには明日から来なくていい。」と言ったことが認められる。したがって，たとえ本件のように原告からの退職届が出ていたとしても，原告は10月8日までは被告会社で働く意思があったことが認められるのに，退職前の9月23日に被告会社の都合で解雇予告なしに退職日を前倒しで退職させた場合は即時「解雇」に当たると解するのが相当である。したがって，基本的には，労働者の生活保障として，解雇予告手当の支払が必要であると解する。

しかしながら，本来予告なしの即時解雇であれば，30日以上の解雇予告手当が必要であると解せられるところ，被告は労働基準監督署の是正勧告（乙第4号証）に従い，解雇された翌日である9月24日から退職予定日の10月8日までの休業手当として11万8250円（平均賃金の6割）を支給しており（乙第5号証），このことは原告も認めるところであるから，この事実と原告が同年9月9日に退職届を出した時点では，10月10日から既に次の職場に就職することが内定していたことが認められることを考慮すると，本件で，別途原告に対して生活給保障としての30日分の解雇予告手当の支給を認めることは理由がないと解するのが相当である。この認定に反する原告の主張は採用しない。

争点2について

原告は，本件器を月2万円の有償で被告に貸していたと主張するものの，弁論の全趣旨によれば，原告が被告に対し，賃貸借をしていたことを認めるに足りる証拠はない。かえって，原告が無償で被告に使用貸借していたことを認めることができる。この認定に反する原告の主張は理由がない。

3　この事実をもとに判断すると原告の請求はいずれも理由がない。

よって，主文のとおり判決する。

東京簡易裁判所民事第9室

裁判官　岡﨑昌吾

9　労働時間の範囲（請求原因）

次の判例は，不活動時間のうちの仮眠時間の労働該当性について，最高裁として初めて直截的に判断を示したものであるので紹介する。

裁判例 17

仮眠時間が労働時間に当たるとされた最高裁裁判例

最一小判平14・2・28，大星ビル管理事件，民集56巻2号361頁，判時1310号82頁，判タ1089号72頁，労判第822号5頁

第2　付加金支払請求事件

判示事項

　労働者が実作業に従事していない仮眠時間であっても，労働契約上の役務の提供が義務付けられていると評価される場合には，労働からの解放が保障されているとはいえず，労働者は使用者の指揮命令下に置かれているものであって，労働基準法32条の労働時間に当たる。

判決要旨

1　労働者が実作業に従事していない仮眠時間であっても，労働契約上の役務の提供が義務付けられていると評価される場合には，労働からの解放が保障されているとはいえず，労働者は使用者の指揮命令下に置かれているものであって，労働基準法32条の労働時間に当たる。

2　ビル管理会社の従業員が従事する泊り勤務の間に設定されている連続7時間ないし9時間の仮眠時間は，従業員が労働契約に基づき仮眠室における待機と警報や電話等に対して直ちに相当の対応をすることを義務付けられており，そのような対応をすることが皆無に等しいなど実質的に上記義務付けがされていないと認めることができるような事情も存しないなど判示の事実関係の下においては，実作業に従事していない時間も含め全体として従業員が使用者の指揮命令下に置かれているものであり，労働基準法32条の労働時間に当たる。

判　決

最高裁判所第一小法廷　平成14年2月28日判決言渡

判　　　　　決

主　　　　　文

原判決を破棄する。

本件を東京高等裁判所に差し戻す。

理　　　　　由

平成9年㈠第608号上告代理人らの上告理由及び平成9年㈠第609号上告代理人らの上告理由について

1　本件は，ビル管理会社である平成9年㈠第608号被上告人・同第609号上告人（以下，単に「被上告人」という。）の技術系従業員である平成9年㈠第608号上告人ら・同第609号被上告人ら（以下，単に「上告人ら」という。）が，被上告人に対し，いわゆる泊り勤務の間に設定されている連続7時間ないし9時間の仮眠時間（以下「本件

— 103 —

第3章　解雇予告手当金および労働基準法114条の付加金支払請求事件

仮眠時間」という。）が労働時間に当たるのに，後記の泊り勤務手当並びに本件仮眠時間中の実作業時間に対する時間外勤務手当及び深夜就業手当しか支払われていないとして，昭和63年2月から同年7月までの期間（以下「本件請求期間」という。）における本件仮眠時間について，労働協約，就業規則所定の時間外勤務手当及び深夜就業手当ないし労働基準法（以下「労基法」という。）37条（平成5年法律第79号による改正前のもの。以下同じ。）所定の時間外割増賃金及び深夜割増賃金の支払を請求した事案である。

2　原審が確定した事実関係は，次のとおりである。

(1)　被上告人は，不動産の管理受託及び管理受託に係る建築物の警備，設備運転保全等の業務を目的とする株式会社である。

　　上告人らは，被上告人に技術員として雇用された従業員であり，被上告人が管理を受託した各ビルに配置され，⑴ビル設備であるボイラー，ターボ冷凍機の運転操作，監視及び整備，⑵電気，空調，消防，衛生等のビル内各設備の点検，整備，⑶ビル内巡回監視，⑷ビルテナントの苦情処理，⑸ビル工事の立会い，⑹記録，報告書の作成等の業務に従事していた。

(2)　昭和63年2月当時の被上告人における労働時間については，労働協約に「職員の就業時間は原則として1日労働7時間，休憩1時間とする。但し，業務の都合により四週間を通じ，一週平均38時間以内の範囲内で就業させることがある。」との定めがあり，上告人らに適用されていた。また，同年4月1日に改正された被上告人の就業規則（以下「改正就業規則」といい，同改正前の就業規則を「改正前就業規則」という。）には「職員の就業時間は原則として一日実働7時間，休憩1時間とする。但し，業務の都合により暦月1ケ月間を通じ，一週平均38時間以内の範囲内で就業させることがある。なお，暦月1ケ月間の所定労働時間の算定は年間（4月1日から翌年3月31日）を通じて一週平均38時間以内の範囲内で，事業場毎に季節，職種その他作業の都合により定めるものとする。」との定めがある。

　　改正前就業規則による勤務区分には，日勤，早番，中番，遅番，16時間勤務，18時間勤務（始業午後3時，終業翌朝午前9時，休憩又は仮眠途中4時間），21時間勤務（始業正午，終業翌朝午前9時，休憩又は仮眠途中7時間）及び24時間勤務（始業午前9時，終業翌朝午前9時，休憩又は仮眠途中10時間）があった。改正就業規則による勤務区分においては，従来の日勤，早番，中番，遅番に相当する部分は10の勤務区分に分けられ，16時間勤務，21時間勤務（始業正午，終業翌朝午前9時，休憩又は仮眠午後6時から午後7時まで，仮眠途中連続6時間）及び24時間勤務（始業午前9時，終業翌朝午前9時，休憩又は仮眠正午から午後1時まで，午後6時から午後7時まで，仮眠途中連続8時間）は残された。ただし，これらの勤

— 104 —

務区分はあくまで原則であり，各勤務先のビルの実情に応じて勤務時間を変えることができるようになっている。

(3)　被上告人においては，労働時間に関する労働協約，就業規則の範囲内で，毎年，暦にあわせて年間，月間に労働時間，休日数を定めており（被上告人においては，「月別カレンダー」と称しており，これをビルの実情に応じて変更したものを「ビル別カレンダー」と称している。），従業員は，これに基づいて作成された具体的勤務割である勤務シフトに従って業務に従事する。

(4)　本件請求期間に適用される被上告人の賃金規定には，所定労働時間を超える時間外勤務をした場合には，時間外勤務手当を支払う旨の定めがあり，労働協約には，「シフト作成時若しくはシフト変更（一週間以前）によりその合計労働時間が月の所定時間を超えるとき１日のシフトを超えた労働時間（シフト残業）」と「シフト変更（１週間未満）の突発作業により生じた労働時間（突発残業）」が時間外勤務手当の支給対象となる時間外勤務として定められている。すなわち，勤務シフト作成時又は一週間以前の勤務シフト変更時に月別カレンダー，ビル別カレンダーで定める月間所定労働時間を超えた労働時間（シフト残業）とあらかじめ定まった勤務シフトを超えて行う残業（突発残業）とが時間外勤務手当の支給対象とされた。

　深夜勤務については，昭和63年３月31日以前はいかなる時間帯の勤務を深夜勤務として扱うかにつき就業規則等の定めはなかったが，同年４月１日に改正された被上告人の賃金規定（以下「本件賃金規定」という。）は，午後10時から翌朝午前５時までの時間帯の勤務を深夜勤務とし，深夜就業手当を支給する旨を定めた。

(5)　上告人らの賃金は月給制で，基準賃金と基準外賃金によって構成されており，基準賃金は，年齢に応じて支給される基本給，職能に応じて支給される職能給，勤続年数に応じて支給される勤続給，役職に応じて支給される役名給，資格に応じて支給される職務手当，世帯の状況に応じて支給される生計手当，被上告人が必要と認めた場合に支給される特別手当等により構成され，基準外賃金は，時間外勤務手当，深夜就業手当，泊り勤務手当，休日出勤手当，当直手当で構成されている。

　被上告人の賃金規定，労働協約は，時間外勤務手当につき，シフト残業の場合は，基準賃金を156等分した金額に，最初の１時間については１を乗じた金額，それ以降の時間については1.25を乗じた金額で，時間外勤務手当を計算して支給すると定めていたが，実際の適用ではシフト残業の場合も全時間につき1.25を乗じた額を支給していた。本件賃金規定では，月間所定労働時間を超える時間外勤務又は突発作業により当日の所定労働時間を超える時間外勤務をした場合には，時間外勤務手当として超過時間一時間につき基準賃金の156分の１に1.25を乗じた金額を支給すると定められた。

本件賃金規定において，深夜就業手当の支給対象となる勤務及び支給額につき，16時間勤務と保安業務に従事する職員の深夜就業手当に関する定めに規定された勤務を除き，午後10時から翌朝午前5時までの間に勤務した場合には深夜割増賃金として1時間につき基準賃金の156分の1に0.3を乗じた額を支給する旨定められた。

昭和63年4月1日改正前の被上告人の賃金規定には，18時間勤務に就いた場合は1600円，21時間勤務に就いた場合は1900円，24時間勤務に就いた場合は2300円の泊り勤務手当を支給する旨の定めがあったところ，本件賃金規定ではこのうち18時間勤務の部分が削除された。

被上告人においては，24時間勤務における仮眠時間は所定労働時間に算入されておらず，かつ，時間外勤務手当，深夜就業手当の対象となる時間としても取り扱われていなかった。改正就業規則には，これを前提として「仮眠時間中に業務が継続または発生し，そのために与えられなかった仮眠時間は，賃金規定に定める時間外勤務手当を支給する。」との規定が設けられた。なお，従来からも，仮眠時間中に突発作業が発生した場合，実作業時間に対し，時間外勤務手当及び深夜就業手当が支給されてきた。

(6) 上告人らが従事する24時間勤務は，原則として午前9時，午前9時30分又は午前10時から翌朝の同時刻までの勤務であり（ただし，上告人甲，同乙および同丙が配置されていたLについては午前10時30分から翌朝午前9時30分までの23時間の勤務とされているが，これを含めて24時間勤務という。），その間，休憩時間が合計1時間ないし2時間，仮眠時間が連続して7時間ないし9時間与えられる。

上告人らは，毎月数回24時間勤務に従事するところ，本件請求期間中，それぞれ，第一審判決添付別紙割増賃金対比表の泊り勤務手当の回数欄の回数のとおり，24時間勤務（泊り勤務）に従事した。上告人らの基準賃金は，同表基準賃金欄のとおりであり（ただし，同表(6)の上告人Aの昭和63年3月分の基準賃金は233，880円である。），賃金規定に従った時間外勤務手当，深夜就業手当の単価は，同表各欄の@記載のとおりである。また，上告人らが本件請求期間中に支払を受けた仮眠時間中の実作業時間に対する時間外勤務手当及び深夜就業手当並びに泊り勤務手当の額は，各欄の区分「被告」欄記載の各金額である。

(7) 上告人らが配置された各ビルの管理委託者と被上告人との間の管理委託契約においては，夜間のビル設備の管理につき，被上告人が従業員一名以上をビルに泊り込み配置とすることが契約内容になっている。上告人らは，本件仮眠時間中，各ビルの仮眠室において，監視又は故障対応が義務付けられており，警報が鳴る等した場合は直ちに所定の作業を行うこととされているが，そのような事態が生じない限り，睡眠をとってもよいことになっている。上告人らは，配属先のビルからの外出を原

則として禁止され，仮眠室における在室や，電話の接受，警報に対応した必要な措置を執ること等が義務付けられ，飲酒も禁止されている。仮眠時間中に警報が鳴った場合は，ビル内の監視室に移動し，警報の種類を確認し，警報の原因が存在する場所に赴き，警報の原因を除去する作業を行うなどして対応をし，また，警備員が水漏れや蛍光灯の不点灯の発見を連絡したり，工事業者が打ち合せをするために，仮眠室に電話をしてきたような場合も，現場に行って補修をする等の対応をすることとされている。

⑻　上告人らが本件請求期間中の本件仮眠時間中に突発的に実作業の必要を生じてこれに従事し，これについて残業申請をして，所定の手当を受給したことは，二つのビルを除く各ビルについて1回以上あった。また，上告人らは，仮眠時間中に具体的な作業をした場合でも実作業が十数分程度の時間内で終われば，あえて残業申請をしないで済ませており，残業申請がない場合でも，上告人らの配置された各ビルについては，本件請求期間又はこれに近接した時期において，突発的に生じた事態に対応して作業を行うことがあった。

3　以上の事実関係の下で，原審は次のとおり判断して，上告人らの請求の一部を認容し，その余の請求を棄却した。

⑴　上告人らの職務は，もともと仮眠時間中も，必要に応じて，突発作業，継続作業，予定作業に従事することが想定され，警報を聞き漏らすことは許されず，警報があったときには何らかの対応をしなければならないものであるから，何事もなければ眠っていることができる時間帯といっても，労働からの解放が保障された休憩時間であるということは到底できず，本件仮眠時間は実作業のない時間も含め，全体として被上告人の指揮命令下にある労働時間というべきである。

⑵　被上告人と上告人らとの間では，24時間勤務に就いた場合には，実作業がない限りは，基準外賃金としては泊り勤務手当を支給するのみで，本件仮眠時間のうちの実作業に就いた時間以外の仮眠時間については，時間外勤務手当も深夜就業手当も支給しないということが労働契約の内容になっていたというべきであるから，上告人らは本件仮眠時間につき，労働契約のみに基づいて時間外勤務手当，深夜就業手当を請求することはできない。

⑶　上告人らについては，昭和63年2月及び3月については四週を通じての，また，同年4月から7月までは1箇月を通じての変形労働時間制がとられていた。上告人らの法定労働時間は，本件請求期間のうち昭和63年2月及び3月については4週を通じて，同年4月から7月までは1箇月を通じて，いずれも一週平均48時間以内であるから，この時間を超えた労働時間については通常の賃金の125％の時間外割増賃金が支払われるべきであり，また，午後10時から午前5時までの勤務については

第3章　解雇予告手当金および労働基準法114条の付加金支払請求事件

通常の賃金の25％の深夜割増賃金が支払われるべきである。そして，割増賃金の基準となる通常の賃金は，上告人らの基準賃金を所定労働時間数で除した金額とするのが相当である。本件請求期間中の上告人らの労働時間からすれば，原判決添付別紙一覧表記載のとおり，上告人Ａについては，昭和63年2月1日から始まる4週で12時間，同年4月で19時間，同年6月で19時間，同年7月で2時間30分の法定時間外労働及び同表の深夜労働時間欄記載の深夜労働があり，その余の上告人らについては，法定時間外労働はないが，同表の深夜労働時間欄記載の深夜労働がある。したがって，労基法13条，37条に従って認容されるべき上告人らの法定時間外割増賃金，深夜労働割増賃金は，それぞれ同表記載（省略）のとおりとなる。

4　原審の上記判断のうち，⑴及び⑵は是認することができるが，⑶は是認することができない。その理由は次のとおりである。

⑴　労基法32条の労働時間（以下「労基法上の労働時間」という。）とは，労働者が使用者の指揮命令下に置かれている時間をいい，実作業に従事していない仮眠時間（以下「不活動仮眠時間」という。）が労基法上の労働時間に該当するか否かは，労働者が不活動仮眠時間において使用者の指揮命令下に置かれていたものと評価することができるか否かにより客観的に定まるものというべきである（最高裁平成7年㈠第2029号同12年3月9日第一小法廷判決・民集54巻3号801頁参照）。そして，不活動仮眠時間において，労働者が実作業に従事していないというだけでは，使用者の指揮命令下から離脱しているということはできず，当該時間に労働者が労働から離れることを保障されていて初めて，労働者が使用者の指揮命令下に置かれていないものと評価することができる。したがって，不活動仮眠時間であっても労働からの解放が保障されていない場合には労基法上の労働時間に当たるというべきである。そして，当該時間において労働契約上の役務の提供が義務付けられていると評価される場合には，労働からの解放が保障されているとはいえず，労働者は使用者の指揮命令下に置かれているというのが相当である。

そこで，本件仮眠時間についてみるに，前記事実関係によれば，上告人らは，本件仮眠時間中，労働契約に基づく義務として，仮眠室における待機と警報や電話等に対して直ちに相当の対応をすることを義務付けられているのであり，実作業への従事がその必要が生じた場合に限られるとしても，その必要が生じることが皆無に等しいなど実質的に上記のような義務付けがされていないと認めることができるような事情も存しないから，本件仮眠時間は全体として労働からの解放が保障されているとはいえず，労働契約上の役務の提供が義務付けられていると評価することができる。したがって，上告人らは，本件仮眠時間中は不活動仮眠時間も含めて被上告人の指揮命令下に置かれているものであり，本件仮眠時間は労基法上の労働時間

— 108 —

に当たるというべきである。

したがって，この点に関する原審の判断は正当として是認することができる。被上告人の第一上告理由書記載の上告理由は，原審の専権に属する証拠の取捨判断，事実の認定を非難するか，又は独自の見解に立って原判決を論難するものにすぎず，採用することができない。

(2) 上記のとおり，本件仮眠時間は労基法上の労働時間に当たるというべきであるが，労基法上の労働時間であるからといって，当然に労働契約所定の賃金請求権が発生するものではなく，当該労働契約において仮眠時間に対していかなる賃金を支払うものと合意されているかによって定まるものである。もっとも，労働契約は労働者の労務提供と使用者の賃金支払に基礎を置く有償双務契約であり，労働と賃金の対価関係は労働契約の本質的部分を構成しているというべきであるから，労働契約の合理的解釈としては，労基法上の労働時間に該当すれば，通常は労働契約上の賃金支払の対象となる時間としているものと解するのが相当である。したがって，時間外労働等につき所定の賃金を支払う旨の一般的規定を有する就業規則等が定められている場合に，所定労働時間には含められていないが労基法上の労働時間に当たる一定の時間について，明確な賃金支払規定がないことの一事をもって，当該労働契約において当該時間に対する賃金支払をしないものとされていると解することは相当とはいえない。

そこで，被上告人と上告人らの労働契約における賃金に関する定めについてみるに，前記のとおり，賃金規定や労働協約は，仮眠時間中の実作業時間に対しては時間外勤務手当や深夜就業手当を支給するとの規定を置く一方，不活動仮眠時間に対する賃金の支給規定を置いていないばかりではなく，本件仮眠時間のような連続した仮眠時間を伴う泊り勤務に対しては，別途，泊り勤務手当を支給する旨規定している。そして，上告人らの賃金が月給制であること，不活動仮眠時間における労働密度が必ずしも高いものではないことなどをも勘案すれば，被上告人と上告人らとの労働契約においては，本件仮眠時間に対する対価として泊り勤務手当を支給し，仮眠時間中に実作業に従事した場合にはこれに加えて時間外勤務手当等を支給するが，不活動仮眠時間に対しては泊り勤務手当以外には賃金を支給しないものとされていたと解釈するのが相当である。

したがって，上告人らが本件仮眠時間につき労働契約の定めに基づいて所定の時間外勤務手当及び深夜就業手当を請求することができないとした原審の判断は是認することができ，上告人らの上告理由は，原審の専権に属する証拠の取捨判断，事実の認定を非難するか，又は独自の見解に立って原判決を論難するものにすぎず，採用することができない。

第3章　解雇予告手当金および労働基準法114条の付加金支払請求事件

(3) 　上記のとおり，上告人らは，本件仮眠時間中の不活動仮眠時間について，労働契約の定めに基づいて既払の泊り勤務手当以上の賃金請求をすることはできない。しかし，労基法13条は，労基法で定める基準に達しない労働条件を定める労働契約はその部分について無効とし，無効となった部分は労基法で定める基準によることとし，労基法37条は，法定時間外労働及び深夜労働に対して使用者は同条所定の割増賃金を支払うべきことを定めている。したがって，労働契約において本件仮眠時間中の不活動仮眠時間について時間外勤務手当，深夜就業手当を支払うことを定めていないとしても，本件仮眠時間が労基法上の労働時間と評価される以上，被上告人は本件仮眠時間について労基法13条，37条に基づいて時間外割増賃金，深夜割増賃金を支払うべき義務がある。

ア　原審は，労基法上の労働時間に当たる本件仮眠時間が法定時間外労働に当たるか否かを判断するにつき，上告人らについては，4週間ないし1箇月を通じての変形労働時間制が適用されていたとした上，4週間ないし1箇月の単位期間を通じて1週平均48時間を超えて労働させた時間を算出してこの時間の労働を法定時間外労働に当たるとしているので，この点について職権で検討する。

労基法32条の2（平成10年法律第112号による改正前のもの。）の定める1箇月単位の変形労働時間制（昭和62年法律第99号による改正前の4週間単位のものもほぼ同様である。）は，使用者が，就業規則その他これに準ずるものにより，1箇月以内の一定の期間（単位期間）を平均し，1週間当たりの労働時間が週の法定労働時間を超えない定めをした場合においては，法定労働時間の規定にかかわらず，その定めにより，特定された週において一週の法定労働時間を，又は特定された日において一日の法定労働時間を超えて労働させることができるというものであり，この規定が適用されるためには，単位期間内の各週，各日の所定労働時間を就業規則において特定する必要があるものと解される。原審は，労働協約又は改正就業規則において，業務の都合により4週間ないし1箇月を通じ，1週平均38時間以内の範囲内で就業させることがある旨が定められていることをもって，上告人らについて変形労働時間制が適用されていたとするが，そのような定めをもって直ちに変形労働時間制を適用する要件が具備されているものと解することは相当ではない。もっとも，前記事実関係によれば，被上告人においては，月別カレンダー，ビル別カレンダーなるものが作成され，これに基づいて具体的勤務割である勤務シフトが作成されていたというのであり，これによって変形労働時間制を適用する要件が具備されていたとみる余地もあり得る。しかし，そのためには，作成される各書面の内容，作成時期や作成手続等に関する就業規則等の定めなどを明らかにした上で，就業規則等による各週，各日の所定労働時間の

— 110 —

特定がされていると評価し得るか否かを判断する必要があるところであるが，原審はこの点について認定判断をしていない。

　また，仮に，上告人らにつき変形労働時間制が適用されることを前提としても，原審のした前記の算出方法も是認することができない。変形労働時間制の適用による効果は，使用者が，単位期間内の一部の週又は日において法定労働時間を超える労働時間を定めても，ここで定められた所定労働時間の限度で，法定労働時間を超えたものとの取扱いをしないというにすぎないものであり，単位期間内の実際の労働時間が平均して法定労働時間内に納まっていれば，法定時間外労働にならないというものではない。すなわち，特定の週又は日につき法定労働時間を超える所定労働時間を定めた場合には，法定労働時間を超えた所定労働時間内の労働は時間外労働とならないが，所定労働時間を超えた労働はやはり時間外労働となるのである。したがって，本件請求期間中の上告人らの法定時間外労働に当たる時間を算出するには，4週間ないし1箇月を通じて一週平均48時間を超える時間のみを考慮すれば足りるものではなく，本件仮眠時間を伴う上告人らの24時間勤務における所定労働時間やこれを含む週における所定労働時間を特定して，これを超える労働時間を算出する必要がある。

イ　労基法37条所定の割増賃金の基礎となる賃金は，通常の労働時間又は労働日の賃金，すなわち，いわゆる通常の賃金である。この通常の賃金は，当該法定時間外労働ないし深夜労働が，深夜ではない所定労働時間中に行われた場合に支払われるべき賃金であり，上告人らについてはその基準賃金を基礎として算定すべきである。この場合，上告人らの基準賃金に，同条2項，労働基準法施行規則21条（平成6年労働省令第一号による改正前のもの。）により通常の賃金には算入しないこととされている家族手当，通勤手当等の除外賃金が含まれていればこれを除外すべきこととなる。前記事実関係によれば，上告人らの基準賃金には，世帯の状況に応じて支給される生計手当，会社が必要と認めた場合に支給される特別手当等が含まれているところ，これらの手当に上記除外賃金が含まれている場合にはこれを除外して通常の賃金を算定すべきである。しかるに，原審は，この点について認定判断することなく，上告人らの基準賃金を所定労働時間で除した金額をもって直ちに通常の賃金としており，この判断は是認することができない。被上告人の第二上告理由書記載の上告理由は，この趣旨を含むものとして，その限度で理由がある。

5　以上によれば，原審の判断のうち前記3の(3)の部分には，法令の解釈適用を誤った違法があり，この違法は原判決の結論に影響を及ぼすことが明らかであるから，原判決は破棄を免れない。そして，本件については，更に所要の審理判断を尽くさせた

第3章 解雇予告手当金および労働基準法114条の付加金支払請求事件

め，これを原審に差し戻すこととする。

よって，裁判官全員一致の意見で，主文のとおり判決する。

（裁判長裁判官・井嶋一友，裁判官・藤井正雄，裁判官・町田　顯，裁判官・深澤武久）

裁判例 18

解雇予告手当金の請求が認められなかった簡裁裁判例

東京簡判平16・5・24最高裁ホームページ下級

判決要旨

原告（労働者）の辞職は被告（使用者）による解雇か，原告の依願退職かが争われた事案で，原告の依願退職であるとして，解雇予告手当金の請求を棄却した。

判　決

東京簡易裁判所　平成16年5月24日判決言渡

平成16年（少コ）第891号　解雇予告手当請求事件

少額訴訟判決

主　文

1　原告の請求を棄却する。

2　訴訟費用は原告の負担とする。

事実及び理由

第1　請求

被告は，原告に対し，金35万6100円及びこれに対する平成15年11月28日から支払済みまで年5パーセントの割合による金員を支払え。

第2　事案の概要

1　請求原因の要旨

原告と被告間の平成15年11月1日付け労働契約について，同月27日原告が即日解雇されたことによる原告の被告に対する解雇予告手当35万6100円及びこれに対する遅延損害金の支払請求

2　争点

原告の辞職は被告による解雇か，原告の依願退職か。

第3　争点に関する判断

1　被告は，原告主張の被告による解雇の事実を否認し，その理由として，退職願

— 112 —

（乙3）を根拠に，原告の依願退職であることを主張する。これに対し，原告は，退職願は原告の真意に基づかずに，又は被告からの強制若しくは欺により書かされたもので，そこに記載された退職の意思表示は無効又は取り消し得べきものとして効力がない旨主張する。

2　そこで検討するに，まず，原告本人尋問の結果並びに証人A及び同Bの証言によれば，以下の経緯及び事実を認めることができる。

①　平成15年10月，被告信用金庫に役員車運転手として採用するための原告の面接が，上記両証人（常務理事及び人事部長）を含め数名により行われ，その際，事故歴，違反歴につき質問されたのに対し，原告は，事故や飲酒運転はないが，スピード違反と駐車違反はあると答え，その回数については特に言わなかったが，証人らは，そのような違反が2回程度あると受け止めたこと。

②　その面接を経て，11月1日から3か月を試用期間として原告を役員車運転手として採用し，本採用の前の同月27日に，面接の際の原告の回答を確認するため，Cセンターから，原告からの委任を受けた被告の職員に原告の運転記録証明書（乙2）を取らせたところ，同証明書記録のとおりの違反歴及び免許停止が2回ある等の事実が明らかになったこと。

③　そこで，同日朝原告出勤後に，両証人が確認のため9階の部屋に原告を呼び出し，事情を聴いたところ，事実に相違はなく，面接の際には特に違反回数や処分歴まで言うことを思い浮かばなかった旨述べ，証人らが「このような事実が分かった以上，このまま役員車運転手として働いてもらうのは難しい」との趣旨を告げたこと。

④　その後証人Bが退職願の用紙を持ってきて，これに記入してくださいと言ったところ，原告は黙って記入し署名したが，印鑑をその場に持っていなかったため1階の自席に戻り，その後押印された退職願（乙3）が提出されたこと。

⑤　退職願を書いてこれを証人らが受け取ったのは午前10時半か11時ころであり，原告は昼食後，午後も退職手続等のため前記9階の部屋に一人で待機しており，その日残業手当，離職票など被告側から渡された書類を受け取って帰ったが，数日後には，納得がいかなかったので，被告信用金庫に行き，解雇であることを主張したこと。

3　以上のうち，③から⑤の経緯に関し，原告本人は，退職願の署名押印は自分がしたけれども，それは原告が「どうしたらよいですか」と問うたところ，「辞めていただくしかないですね」と，被告側で持ってきた退職願を書くほかない趣旨のことを言われたためそうしたまでで，自分から進んで辞めたいとは言わなかったし，辞めたいとも思っていなかったと述べる。また，印鑑を取りに行った時と昼食時に部屋

第 3 章　解雇予告手当金および労働基準法 114 条の付加金支払請求事件

を出たのを除いて，朝から午後までずっと常務理事，人事部長と自分の 3 人だけで個室におかれ，なかなか部屋から出してくれなかったこと，そして，退職願を書く前に「解雇ということになると，これから他の会社に就職する際に，不利になるのではないか。問い合わせが来ればその旨回答せざるを得ない。」などと言われたことがある旨述べ，そのことを理由に，強制され，又は騙されて書かされたことを主張する。更に，上記①の採用面接の際に原告がした回答に関し経歴詐称になると被告が主張するのに対し，原告は，違反の回数等それ以上のことを尋ねられなかったため，回数や停止処分の存在について特にその時気づかず，言わなかったまでであると述べ，むしろ採用面接時に運転記録証明書（乙 2）を提出させず，また，後に提出してもらうことになるとも一切言わなかった点に被告側の落ち度がある旨主張する。

　これに対し，証人 A によれば，上記③から⑤の経緯に関しては，このまま働いてもらうのは難しい旨告げたのに対し原告が沈黙していたので，こちらから更に「どうするんですか」と尋ねたところ，原告の方から「退職するしかないですね」と言い，人事部長が持ってきた退職願に黙って記入署名し，印鑑を取りに戻った後，押印のある退職願が自動車課長を通じて提出された旨，また，事情を聴いた 9 階の部屋は，応接セットも置かれた人事部の応接室兼会議室で，個人のプライバシーも考慮してその部屋を使用したまでであり，午前中の早いうちには退職願を受領しており，昼食後午後には専ら退職の手続のためにその部屋に居て待ってもらっていたにすぎず，狭い個室に長時間閉じこめていたとの事実はないこと，そして，原告が主張する解雇となれば他の会社への再就職の際に不利となるとの言動をしたことはない旨証言する。更に，上記①の原告の採用面接当時は，履歴書（乙 4）や職務経歴書（乙 5）を提出させたものの，運転記録証明書（乙 2）の提出は求めておらず，試用期間を経て本採用に至る前に面接の際の答えを確認のため，同証明書を取ることにしていたのであるが，これは応募者が多く，採用前の証明書の事前提出は応募者のプライバシーの問題もあり，本採用の時点での提出で足りると考えていたからであり，これまで全くトラブルがなかったのに今回の原告とのトラブルが発生したことにより，従来の方法を改め，現在では採用面接の際に提出を求めている旨証言する。

4　以上の原告本人の供述及び証人 A の証言を対照すると，退職願に原告が署名押印するに至るまでの互いの会話のやり取りについて双方の認識には離齬があり，そのいずれであったか経緯を逐一確定することまではできないが，たとえ原告本人の供述を前提としても，原告が不本意ではあったにせよ，辞めていただくしかないですねとの証人らの言葉を一応理解して，それに納得の上，署名押印に応じたことを最低限認めることができる。原告は，採用面接当時自分の違反歴や免許停止の処分歴

— 114 —

については分かっていたが，面接時それ以上の内容について質問されなかったため，思い浮かばなかったとし，その後証明書（乙2）を取られてその事実を指摘されて気づいたこと，仮に採用面接時被告側に，その事実が明らかになっていたら，自分が採用されたかどうかについては何とも言えない旨述べているが，それまでも他の会社の役員車運転手として勤務し，そのころ違反による行政処分を受けているところ，今回，より安定性の高い被告信用金庫の役員車運転手として応募し，採用され勤務することになれば，証明書（乙2）に記録されているような違反歴及びこれによる2回の免許停止の処分歴があれば，役員車運転手としての勤務の障害になり得ることは，社会一般の常識に照らしても当然に予測できるものと言わざるを得ない。その意味で，原告は，退職願を作成する際に，指摘された自分の側の負い目を全く意識することなく署名押印させられたとまで認定することはできず，その意思に基づかずに退職願の作成提出に及んだということはできない。また，原告は午前中の事情聴取から1，2時間程度の比較的短時間のうちに退職願を提出しており，印鑑を取りに一度自席に戻ったうえで押印したとの経緯もあり，午後は主に退職の手続のために部屋に留まっていたに過ぎず，残業手当や離職票等の書類を受け取ったことが認められる。そして，原告本人の供述以外には，解雇となれば他の会社への再就職の際に不利となるとの趣旨の言動を証人らがしたことの客観的な証拠もなく，これらの諸点を考慮すると，原告の退職の意思表示が強制の下になされたとか，被告側の欺に基づきされたとまで認定することはできない。更に原告は，採用面接の際に証明書（乙2）の提出をさせなかったなどの被告側の落ち度を指摘するが，確かに採用面接の際の事前の証明書の不提出や違反回数，処分歴の内容にまで踏み込んで尋ねていないとの質問の程度に関し，採用する側に慎重さを欠いた手続上の不備があったことは否定できず，したがって，原告に経歴詐称の事実があり，原告が自己の経歴詐称を認めて退職願を書き，退職に至ったとの被告が主張するような事実までを認定することはできないにしても，被告側に前記採用面接の際の手続上の不備があったことから，直ちに原告の退職の意思表示の効力が否定されることにはならない。

5　以上によれば，原告の退職願（乙3）に基づく退職の意思表示の効力を否定することはできず，ほかに原告の辞職が被告による解雇に基づくと認めるに足りる証拠もない。よって，被告の解雇を理由とする原告の本件解雇予告手当の請求は理由がない。

東京簡易裁判所少額訴訟3係

裁判官　下里敬明

第3章　解雇予告手当金および労働基準法114条の付加金支払請求事件

裁判例 19

解雇予告手当金等の請求が認められなかった簡裁裁判例
　東京簡判平16・11・12 最高裁ホームページ下級

判決要旨

　原告（労働者）の退職は，原告自身の意思による退職，つまり依願退職であり，被告（使用者）の強制による解雇ではないとして，原告の解雇予告手当金および精神的慰謝料請求を棄却した。

判　決

東京簡易裁判所　平成16年11月12日判決言渡
平成16年（少コ）第1356号（通常訴訟移行）解雇予告手当等請求事件

判　　　決

主　　　文

1　原告の請求を棄却する。
2　訴訟費用は原告の負担とする。

事実及び理由

第1　請求
　　被告は原告に対し，金42万1375円を支払え。
第2　事案の概要
　1　請求原因の要旨
　　　原告は，平成15年12月8日，被告の従業員として雇用され，平成16年2月27日，被告から予告なしに即日解雇する旨の意思表示を受けたと主張し，1日当たり平均賃金7379円の30日分の解雇予告手当金22万1375円（1円未満四捨五入）及び即日退職を強要されたことにより精神的苦痛を被ったとして慰謝料金20万円の支払を求める。
　2　主たる争点
　　　原告の退職は被告による解雇か，原告の依願退職か。
第3　当裁判所の判断
　1　被告は，原告主張の被告による解雇の事実を否認し，その理由として，退職届（乙1）を根拠に，原告の依願退職であることを主張する。これに対し，原告は，退職届は原告の真意に基づかずに，又は被告から強要されて書いたもので，そこに記載された退職の意思表示は無効であり効力がない旨主張する。

― 116 ―

2　そこで検討するに，証人Aの証言によれば，原告は平成15年12月8日入社以来，被告の提供する回線サービス申込獲得に関する法人営業の仕事に従事してきたが，営業成績としては，殆ど見るべきものがなかったこと，⑵平成16年2月10日，被告営業本部営業第一部直販担当課長である前記Aが原告と面談して営業成績の上がっていないことを指摘し，鋭意努力するよう促したところ，原告が，同月の成績次第では退職するか否かを自ら決断する旨前記Aに約したこと，⑶平成16年2月27日午後4時頃，原告と前記Aが面談した際，原告は，前職の勤務時間と通算することにより失業保険の給付を受けられるように，退職日を同年3月7日にしたいという希望を述べたこと，⑷平成16年2月27日午後6時頃，原告と前記Aが再び面談した際，原告は，再度，退職日を同年3月7日にしたいという希望を述べたが，最終的には，「分かりました。」といい，原告は，1人別室に移り，会社の備品であるコピー用紙で退職届を作成し，それを提出したうえ，すべて荷物をまとめて退出したことが認められる。

3　以上の事実及び原告の「前職の勤務時間と通算することにより失業保険の給付を受けられるように，退職日を同年3月7日にしたい。」という希望を述べながらも，「平成16年2月27日午後6時頃前記Aと面談した際，こんな酷い会社にあと1週間いても，どんな扱いをされるか分からないし，いっそ退職するほうがすっきりすると思って退職届を提出した。」という供述並びに前記Aらが原告の営業成績の上がらないことをけん責したことはあっても，脅したりして退職を強要した事実を証明する証拠の存在が認められないことに照らせば，原告の退職届（乙1）に基づく退職の意思表示の効力を否定することはできず，本件における原告の退職は，原告自身の意思による退職，つまり依願退職であり，被告の強制による解雇ではないと認めるべきである。よって，被告の解雇を理由とする原告の本件解雇予告手当の請求は理由がない。

　　また退職届は任意に書かれたものと認められ，原告が強要されて書いたという事実は認められないのであるから，原告の退職を強要されたという主張に基づく慰謝料請求も認めることができない。

東京簡易裁判所少額訴訟6係

裁判官　岡田洋佑

裁判例20

解雇予告金の請求は認められたが，休業手当金の請求は認められなかった簡裁裁判例
　東京簡判平22・1・29最高裁ホームページ下級

第 3 章　解雇予告手当金および労働基準法 114 条の付加金支払請求事件

判決要旨

　被告の原告に対する解雇は，原告の責に帰すべき事由によるものとは認められず，解雇予告制度の除外事由には当たらないとして解雇予告手当の請求を認容したが，休業手当請求の要件は満たさないとして，その請求は棄却した。

判　決

東京簡易裁判所　平成 22 年 1 月 29 日判決言渡

平成 21 年（少コ）第 3371 号　解雇予告手当等請求事件（通常手続移行）
判　　　決
主　　　文

1　被告は原告に対し，金 13 万 4342 円を支払え。

2　原告のその余の請求を棄却する。

3　訴訟費用はこれを 5 分し，その 4 を被告の負担とし，その余を原告の負担とする。

4　この判決は，第 1 項に限り，仮に執行することができる。
事実及び理由

第 1　請求の趣旨

　　被告は原告に対し，金 16 万 9206 円を支払え。

第 2　事案の概要

1　請求原因の要旨

　（解雇予告手当）

⑴　原告は，平成 20 年 12 月 1 日，被告に以下の条件で雇用された。

　㋐　賃金　　日給 9000 円

　㋑　賃金支払日　　毎月末日締め　翌月 5 日払い

⑵　原告は，平成 21 年 8 月 20 日，被告から同年 8 月 31 日限りで解雇する旨を通告され，同日解雇された。

⑶　原告が解雇される直前 3 ヶ月間（平成 21 年 5 月 1 日から同年 7 月 31 日までの 92 日間）に被告から支払われた賃金総額は 65 万 0500 円であり，これに基づいて期間中の平均賃金を算出し，法定の 30 日から予告期間 11 日を控除した不足期間分の解雇予告手当を計算すると，13 万 4342 円となる（650,500 円 ÷ 92 日 ×（30 日 − 11 日）= 134,342 円）。

　（休業手当）

⑷　原告は平成 21 年 7 月 22 日から同月 25 日まで，及び同月 28 日から同月 31 日までの合計 8 日間，被告の指示により休業した。

— 118 —

⑸　原告が休業を指示される直前3ヶ月間（平成21年4月1日から同年6月30日までの91日間）に被告から支払われた賃金総額は66万1000円であり，これに基づいて期間中の平均賃金を算出し，この期間分の休業手当を計算すると，3万4864円となる（661,000円÷91日×60％×8日＝34,864円）。

2　被告の主張要旨

⑴　被告が，平成21年8月20日到達の書面で，同年8月31日限りで原告を解雇する旨を通告したことは認める。

⑵　原告の業績が悪いため，7月初句頃に給与体系を出来高制に変更しようとしたが，原告が納得せず，解雇することになった。

⑶　被告が休業を指示したことはなく，仕事の割当をしなかっただけである。

⑷　原告は，被告が留守電に仕事の連絡を入れても返事をせず，結局仕事に来なかったことが3，4回はあり，2週間以上連絡が取れない状態があった。これは正当な理由のない無断欠勤であり，解雇予告制度の除外事由に当たる。

3　争いのない事実及び前提事実

⑴　本件雇用契約の内容，並びに，被告が平成21年8月20日到達の書面で，同年8月31日限りで原告を解雇する旨を通告したことは，当事者間に争いがない。

⑵　請求原因の要旨⑶のうち，解雇予告手当の計算にかかる事実は，証拠（甲8，9，10，原告本人）により認められる。

4　本件の争点

⑴　本件解雇は原告（労働者）の責めに帰すべき事由によるものか

⑵　本件休業は被告（使用者）の責めに帰すべき事由によるものか

第3　当裁判所の判断

1　本件の事実経過について

　　争いのない事実，前提事実，証拠及び弁論の全趣旨によれば，本件の事実経過は次のとおりと認められる。

⑴　被告はアパート等のハウスクリーニング請負などを業とする会社であり，原告はその作業員として雇用され，稼働していた。原告被告間の本件労働契約は，日曜日が休日であるほかは具体的な勤務日が固定的に定められたものではなく，前日夕方までに被告代表者から具体的な仕事の指示（現場，集合時刻等）があった場合に，これに応じて仕事をし，その労働日数に応じて日給が支払われるものである（原告本人，被告代表者本人）。

⑵　平成21年7月初句頃に，被告が原告に対し，給与体系を出来高制に変更することを申し入れたが（甲1），原告はこれを拒否した。その後，3，4回，被告が留守電に仕事の連絡を入れたにもかかわらず，原告がこれを無視して連絡せず，行か

なかったことがあった。このことが本件解雇の切っ掛けになった（原告本人，被告代表者本人）。

(3) 原告は，同年7月21日に仕事が終わったとき，被告から「明日は休みだ」と指示され，その後解雇されるまでの間，仕事に来るよう指示されたのは同月26日に翌27日の仕事の指示を受けた1回だけである（原告本人）。

2　争点(1)─本件解雇は原告（労働者）の責めに帰すべき事由によるものか

以上の事実経過を踏まえて，本件解雇が原告の責めに帰すべき事由によるものとして解雇予告制度の除外事由（労働基準法20条1項但書）に当たるとみるべきか（労働者を保護するに値しないほど重大又は悪質な義務違反ないし背信行為があるか）について検討する。

(1) 原告被告間の本件労働契約は，前記認定のとおり，具体的な勤務日は前日夕方までに被告代表者から具体的な仕事の指示があった場合に決まるものであり，この指示がない限り，原告の労務提供義務は具体的に発生しないとみるのが相当である。

(2) これを踏まえると，被告が主張する具体的な仕事の指示を無視して出勤しなかったとするいわゆる無断欠勤は，せいぜい4日間程度（原告は1回だけとして争っているが，少なくとも被告主張の3，4回程度は留守電に入れるなどして連絡を試みたにもかかわらず原告がこれに反応しなかったことが認められる。）であり，除外事由の認定基準（旧労働省の昭和23年11月11日基発第1637号によれば，「2週間以上正当な理由なく無断欠勤し，出勤の督促に応じない場合」とされている。）に照らしても，いまだ労働者を保護するに値しないほど重大又は悪質な義務違反ないし背信行為があるとはいえないというべきである。

したがって，解雇予告制度の除外事由に当たるとする被告の主張は認められない。

3　争点(2)─本件休業は被告（使用者）の責めに帰すべき事由によるものか

以上の事実経過を踏まえて，本件休業が被告の責めに帰すべき事由によるものとして休業手当（労働基準法26条）の請求が認められるか，について検討する。

(1) 労働基準法26条による休業とは，労働契約上労働義務がある時間について，使用者の責めに帰すべき事由により労働者が労働できなくなった場合に，労務提供がないにもかかわらず平均賃金の100分の60以上の休業手当支払義務を使用者に課したものである（ノーワーク・ノーペイの原則の例外）。

(2) 原告被告間の本件労働契約は，前記認定のとおり，被告代表者から具体的な仕事の指示があった場合にはじめて原告の労務提供義務が具体的に発生し，その労働日数に応じて日給制により給与が支払われるものである。そして，原告が休業

を指示されたと主張する各日について被告から具体的な仕事の指示を受けたとの主張立証はなく，これらの各日については，原告の労務提供義務が具体的に発生していたとは認められない。そうすると，労働義務がある時間について，使用者の責めに帰すべき事由により労働者が労働できなくなった場合には当たらず，休業手当請求の要件を満たさないといわざるを得ない。

4　まとめ

以上のとおりであって，解雇予告制度の除外事由に当たるとする被告の主張は認められず，原告の主張のうち休業手当請求は認められない。結局，原告の解雇予告手当請求には理由があると認められるのでこれを認容することとして，主文のとおり判決する。

東京簡易裁判所民事第9室

裁判官　藤岡謙三

第3　判決で賃金額から社会保険料及び源泉徴収税額を控除する必要性の有無

判決で使用者に賃金の支払いを命ずる場合には賃金額から諸社会保険料及び源泉徴収税額を控除する必要はないと解されている（高松高判昭44・9・4判タ241号247頁，東京地判平6・6・30労判661号18頁）。

しかしながら，上記裁判例では，源泉徴収義務は強制執行により取立を受ける場合においてまで負担する義務ではないとしながらも，使用者が判決に従い任意に賃金支払義務を履行する場合においては賃金より税金の源泉徴収を行い又は諸保険料の控除をなし得ることは当然であるとも判示している。

第4　雇用契約に付随する損害賠償請求事件

1　使用者からの労働者に対する損害賠償請求（責任制限法理）

使用者から労働者に対して，損害賠償請求することがあるが，判例上，労働契約の特質を考慮して労働の損害賠償責任を信義則上制限する「責任制限法理」の判例法理が確率されている（最判昭51・7・8民集30巻7号689頁，茨城石炭商事事件等）。

労働者に注意義務違反がある場合でも，それが重過失までには達していない場合には，使用者側のリスク管理の不十分さなどの事情を考慮して，使用者による損害賠償や求償権の行使を否定する裁判例が多く（東京高判平14・5・23労判834号56頁「つばさ証券事件」，福岡高那覇支部判平13・12・6労判825号72頁「M運輸事件」），仮に責任が認められても2割程度に減額される例が多い。

第3章　解雇予告手当金および労働基準法114条の付加金支払請求事件

2　労働債務は，特定の結果を実現する結果債務ではなく，手段債務であるとした簡裁裁判例

裁判例21

労働債務は手段債務であるとして使用者の損害賠償請求が認められなかった簡裁裁判例
　相模原簡判平22・2・24公刊物未登載

判決要旨

　採用した経理事務担当者に初歩的ミスが多く，指導しても改善の余地はなかったのは，労働契約に基づいて発生する労働債務の結果債務の債務不履行であるとして原告が損害賠償請求を主張したのに対し，労働債務は，特定の結果を実現する結果債務ではなく，手段債務であるとして損害賠償請求を認めなかった。

判　決

相模原簡易裁判所　平成22年2月24日判決言渡
平成21年㈡第278号　損害賠償請求事件

判　　　決
主　　　文

1　原告の請求を棄却する。
2　訴訟費用は原告の負担とする。

事実及び理由

第1　請求
1　被告は，原告に対し，金100万6160円及びこれに対する平成21年3月21日（訴状送達日の翌日）から支払済みまで年5分の割合による金員を支払え。
2　訴訟費用は被告の負担とする。
3　仮執行宣言申立
第2　事案の概要
1　本件は，原告が，被告を被告自身が記載した同人の高い経理能力と豊富な経理事務の履歴書を信じ，原告の経理担当者として採用したが，被告は原告の補助簿作成業務を行ったものの，その結果があまりに粗雑かつ誤りがあり，原告における経理事務の遂行に耐えるものでは全くなく，被告の行為は，原告に対する労働契約に基づいて発生する労働債務の不履行であるとして，訴外D（以下「D」という。）に対して余分に支給した給与額65万6160円及び原告の顧問税理士訴外K（以下「証人K」という。）に対して余分に支払った税理士報酬分35万円の合計100万6160円及

び遅延損害金としてこれに対する平成21年3月21日（訴状送達日の翌日）から支払済みまで年5分の割合による金員の支払を求めるものである。

2 請求原因の要旨

(1) 原告による被告の雇用

　　平成19年まで原告の経理事務は，長年にわたり原告の従業員Dが担当してきたが，Dが72歳と高齢のため，同年末には退職する予定となった。また，原告では，同年末ころ，同20年3月の決算期を控えていたこともあり，早急に経理業務の即戦力となりうる人材を求め，求人広告等で土井の代わりとなる経理担当社員を募集したところ，同19年12月，被告が応募し，同月17日，証人Kが面接をし，代表者の面接を経て被告が原告の経理担当者として正式に採用された。

　　なお，当該採用面接の際，原告は被告を経理担当者として，そして同人が経理事務の十分な知識と能力を有することを条件として採用する旨を十分に説明した。また，被告自身，同面接時は自身の経理事務の経歴は長く，ほとんどの経理事務は担当することができると話した上，履歴書（甲第1号証）及び職務経歴書（甲第2号証）にも同旨の記載が見られたことから，原告も被告に十分経理上の事務処理能力があることを信頼して同人を経理担当者として採用したものである。

(2) 被告による雇用契約上の債務不履行

ア　Dから被告への経理事務の引継作業の遅れ

　　その後，原告としては，Dから被告の経理事務の引継は，10日間程度で終え，Dには同引継作業が終了次第原告を退職してもらう予定であった。ところが，平成19年12月下旬における被告の原告での勤務開始から2週間以上が経過しても上記引継作業の進捗状況が思わしくなかったため，原告の顧問税理士である証人Kは，自身の事務所に被告を呼んで作業状況が思わしくない原因を尋ねた。

　　それに対し，被告は，自身が当時任されていた原告の経理事務の内容が売掛金と前受金の補助簿の記帳という完全な手作業であったにもかかわらず，パソコンがないので時間がかかるなどと不合理な弁解に終始した。証人Kはこのような不合理な被告の弁解に呆れたものの，被告に対し，本来経理事務の知識のある者に対しては全く不要であるはずの補助簿の具体的な記帳方法を，初歩から丁寧に説明した。

イ　その後も被告による補助簿作成事務が常態的に遅滞し，内容も余りにずさんであったこと，及び被告が不合理な弁解を繰り返したこと

　　ところが，その後も被告から原告に対して補助簿は提出されず，証人Kが何度も被告に対して同書類の提出を促したが，被告はなおもパソコンがないので

第3章　解雇予告手当金および労働基準法 114 条の付加金支払請求事件

大変であるなどと不合理な弁解を繰り返しては同書類を提出しようとはしな
かった。

　平成 20 年 2 月初旬，被告からようやく補助簿の一部が原告に対して提出され
たが，被告の作成する補助簿は，数字の誤りが非常に多く，残高記入漏れも見
られるなど，およそ補助簿としての用をなさないものであった。その後証人K
の再三の催促によって被告が提出した残りの補助簿も，同じく数字の誤りばか
りであり，補助簿としては全く役立たないものであった（甲第 3 号証）。

ウ　証人Kによる最終警告及びこれを受けても被告の作業内容に何らの改善もみ
られなかったこと

　証人Kは，平成 20 年 2 月，再度被告に対して，現在の被告の補助簿作成事務
にパソコンは何ら必要でないこと，及び記帳の方法を改めて具体的に説明した
上で，もしこれ以上被告の作業内容に改善が見られないならば，被告に原告会
社を辞めてもらうほかない旨を説明し，なおも被告が自分で担当するというな
らば，決算が次の月（同年 3 月）に迫っていることもあり，責任を持ってやっ
てもらわなければならない旨を重ねて念を押した。これに対し，被告は，簡単
な仕事なのでできると思う旨回答したため，証人Kは最後にもう一度被告に上
記同様の記帳作業を任せるチャンスを与えることとした。

　ところが，被告は，数日程度でできるはずの同作業を数日間遅滞した上，証
人Kの催促に基づいて提出した書類は，やはり基本的な数字の誤りが多数あり，
補助簿としておよそ利用できるものではなかった（甲第 4 号証）。

エ　以上のように，被告は原告の経理担当者として同社の補助簿作成業務を行っ
たものの，その結果はあまりに粗雑かつ誤りが多数あり，原告における経理事
務の遂行に耐えるものでは全くなく，被告の行為は，原告に対する労働契約に
基づいて発生する労働債務の不履行であることは明らかであった。

(3)　被告による上記債務不履行によって原告に損害が発生したこと

ア　被告の債務不履行によりDに対する給与の支払が余分に発生したこと原告で
は，上記のような被告の労働債務不履行により，Dから後任への経理事務の引
継作業ができなかったため，本来ならば平成 19 年 12 月下旬からの引継作業開
始後，10 日程度でDに退職してもらう予定であったにもかかわらず，これが不
可能となり，同人を退職させずに同 20 年 3 月末までの決算業務に従事させざる
を得なくなった。これにより，原告はDに対して，本来発生しなかったはずの
給与額 65 万 6160 円を余分に支払い，原告には同額の損害が発生した（甲第 5
号証）。

イ　被告の債務不履行によって証人Kに対する報酬支払が余分に発生したこと

— 124 —

第4　雇用契約に付随する損害賠償請求事件

　　　さらに，被告の上記債務不履行により原告の経理事務がかえって混乱したた
　　め，原告の顧問税理士である証人Ｋも緊急に原告の決算業務に７日間つきっき
　　りで従事せざるを得ない状況となり，原告はこの際に証人Ｋに対して本来発生
　　することはなかったはずの税理士報酬35万円を支払い，同社に同額の損害を発
　　生させた（甲第６号証）。
　ウ　よって，原告は，これらの行為により，合計100万6160円の損害を被った
　　（以下「本件損害」という。）。
⑷　原告が被告の著しい成績不良等を理由に同人を懲戒解雇したこと
　　なお，原告は，上記のように被告が原告の経理事務に多大な混乱をもたらした
　こと等を解雇理由として，平成20年２月21日付で被告を懲戒解雇処分とした
　（甲第７号証）。
⑸　よって，原告は，被告に対し，労働契約に基づいて発生する労働債務の不履行
　につき，金100万6160円及び遅延損害金として此に対する訴状送達日の翌日（平
　成21年３月21日）から支払済みまで年５分の割合による金員の支払いを求める。
第3　争点
　　被告の経理事務のミスは，結果債務としての債務不履行と言えるか否か。
第4　争点に対する当事者の主張
　　被告の主張
⑴　そもそも，本件は，原告が主張するように「債務不履行」であろうか。否であ
　る。
⑵　原告の主張は，「債務不履行」の類型のうち，いわゆる「不完全履行」の主張で
　あると思われる。しかしながら，労働債務は，特定の結果を実現する結果債務で
　はなく，手段債務なのであって，労働により必ずしも使用者の期待する結果が生
　じなかったとしても，これが当然に損害賠償責任としての「債務不履行」となる
　ものではないし，期待する結果を生じさせるために別途従業員を採用したり，外
　注したりしたとしても，「債務不履行」から「通常生ずべき損害」（民法416条）
　ではない。
　　原告は，労働債務が仕事の完成を要する請負債務のような結果債務であると完
　全に誤解した上で本件請求を行っている。
⑶　証人Ｋ税理士について
　　原告代表者は，外国人であり，日本法にあまり明るくない。それ故，原告にお
　いては，原告の顧問税理士である証人Ｋが，実質的に経営者と同様に振る舞って
　いた。例えば，被告が原告に応募するきっかけとなったハローワークの求人広告
　でも，「担当者　役職名　顧問　氏名　Ｋ」とされている。

— 125 —

第3章　解雇予告手当金および労働基準法114条の付加金支払請求事件

　かかるK税理士は，甲第6号証において，「退職者の事務処理」名下に，「50000×5日」であるにもかかわらず，なぜか「350000」と，計算結果よりも10万円も多く原告に請求している。全く請求根拠は不明であり，架空請求としか言いようがない。仮に違算あるいは誤記であるとすれば，そもそも被告に対し「ミス」を理由として本件のような多額の請求をする資格はなかろう。

(4)　被告の「責任」について

　本件のように使用者が労働者に対して損害賠償請求をすること自体，希有なことである。なぜならば，労働者の労働によって経済的利益を得ている使用者がリスクを負担すべきは当然だからである（報償責任の原理）。それ故，不法行為の際の使用者による労働者に対する求償権行使を信義則上制限した著名な判決は，茨石事件最判（最一小判昭51・7・8民集30巻7号689頁）を皮切りに，債務不履行を理由とする損害賠償の場合にも，重大な過失あるいは義務違反でもない限りはそもそも使用者による損害賠償請求を棄却し，（例えば，M運輸事件福岡高裁那覇支部平13・12・6労判825号72頁，つばさ証券事件東京高判平14・5・23労判834号56頁），重大なる過失あるいは義務違反が認められるケースでも労働者の責任を相当程度限定する（例えば大隈鉄工所事件名古屋地判昭62・7・27労民集38巻3・4号395頁，N航業事件東京地判平15・10・29労判867号46頁）判例法理が形成されている。

(5)　原告主張にかかる被告の「ミス」なるものについて

　原告主張にかかる被告の「ミス」なるものは，要するに，原告会社における「前受金」の処理に尽きる。甲第9号証を例に取る。取引先からの預り金が存する中で，取引先に対し，9,213,636円の売上が生じ，これを荷為替信用状（以下「L/C」という。）で決済して5,943,135円を回収し，なお残る売上残高3,293,032円を，預り金から充当するというものである。

　このうち，預り金から充当する金額の処理について，現段階で原告会社が要求しているのは，単にF銀行の貸方に計上すればよいという処理である（例えば甲第9号証の1中，11.13三菱東京UFJ貸方3,293,032円，差引残高△3,293,032円）。

　これに対し，甲第9号証の2に表れているとおり，被告は，預り金から充当する金額について，原告が主張するとおり，「前受金」という処理をした。甲第10号証以下も，指摘されていることは，全て同じである。

(6)　では，なぜ被告がかかる処理をしたのか。それは，原告会社がかかる指示をしていたからである。乙第1号証及び第2号証は，原告会社が，採用されたばかりの試用期間中の被告に対し，このようなものを作成するようにと示した見本であ

る。

　これらの中では，売上金を，L/C で決済して回収した残高を，預り金から充当するについて，「前受金」として処理されているのである。ここに明らかなように，被告が原告に採用された際，原告において行われていた経理処理が，「独特」のものであった。被告は，このような従前の原告会社における処理及び原告会社の指示に従っていたにすぎない。それを，いまさら，原告は，被告の「ミス」である等言いがかりをつけ，架空請求の如き暴挙を行っているのである。

⑺　原告の暴挙はこれにとどまらない。原告は，被告を「懲戒解雇」しているが，その無効であることを含めて，被告は労働法が通用する労働審判手続において審判を仰ぐ予定である。

原告の主張

⑻　本件は，被告の明らかな債務不履行である。労働債務が一般的に結果債務ではなく，手段債務であることは原告も争うものではない。しかし，それは，労働者の労働によって使用者に期待する結果が生じなかった場合に，労働者の損害賠償原因としての債務不履行の成立を一律に否定する論拠にはなりえない。

⑼　むしろ，手段債務といえども債務の一種である以上，実際に債務者が果たさなければならない労働債務の程度は，ある一定のレベルにおいては厳然として存在すると考えなければならない。そうでなければ手段債務の債務不履行などおよそ観念できなくなってしまうであろう。労働基準法 16 条は，使用者が労働者との間で労働契約の不履行について違約金を定めたり損害賠償額を予定することを禁止した規定であるが，その反対解釈として使用者が労働者に対して損害賠償請求すること自体は禁止されるべきものではないし，労働者が使用者に対して損害賠償義務を負うべき場合がありうることを当然の前提とした規定であることを忘れてはならない。そして，債務者が果たさなければならない労働債務のレベルは，雇用契約の内容や雇用に至るまでの経緯によって，当然個々の労働者ごとに区々異なりうるはずである。

⑽　この点，被告は，自身が高い経理能力と豊富な経理事務の経験とを備えていることを履歴書（甲第 1 号証）及び職務経歴書（甲第 2 号証）にて殊更に強くアピールした上で，かつ，原告も被告のこのアピールを受けて同人が高い経理能力と豊富な経理事務の経験とを備えていることを信頼し，被告を経理事務職員として採用したものである。被告の原告に対する上記アピールという先行行為により，被告がこと経理事務において果たさなければならない労働債務の程度は，信義則上一般の手段債務に要求される程度を上回り，それはほぼ結果債務に近いところまで引き上げられていたものと考えることができる。

第3章　解雇予告手当金および労働基準法114条の付加金支払請求事件

⑾　ところが，実際被告が行った経理ミスたるや，その内容は本来計上すべきでない「前受金」を計上するという経理実務上極めて根本的かつ重大なものであり，被告が経理職員として本来備えるべき必要最低限の経理能力すら欠いていることを露呈するものであった。すなわち，具体例をあげれば，原告会社の新しい経理担当者が被告の退社後作成した正しい内容の経理書類である甲第9号証の1に記載のとおり，平成19年12月12日には本来前受金処理をすべき取引が存在しないにもかかわらず，被告は本来してはならないはずの3,270,501円の前受金処理を行った（甲第9号証の2の下線部）。また，原告会社の新しい経理担当者が被告の退社後作成した正しい内容の経理書類である甲第10号証の1に記載のとおり，平成19年12月27日には本来前受金処理をすべき取引が存在しないにもかかわらず，被告は本来してはならないはずの2,051,954円の前受金処理を行った（甲第10号証の2の下線部）。

⑿　以下，平成19年11月27日（甲第11号証の2下線部），平成19年11月27日，同年12月28日（甲第12号証の2の各下線部），同年12月14日及び平成20年1月23日（甲第13号証の2各下線部），平成19年12月5日及び平成20年1月16日（甲第14号証の2の各下線部），平成19年11月30日及び同年12月6日（甲第15号証の2の各下線部），平成20年1月7日及び同月29日（甲第16号証の2各下線部），平成20年1月21日（甲第17号証の2下線部），平成19年12月7日及び平成20年1月18日（甲第18号証の2の各下線部），平成19年11月9日（甲第19号証の2の中段の「3,950,738」の数字が横一本線で消去されている部分），平成19年12月7日（甲第20号証の2の各下線部）についても，すべて本来前受金処理をすべき取引が存在しないにもかかわらず，被告は，本来してはならないはずの前受金処理を行った（ただし，平成19年11月9日のミスについては，本来普通預金処理をすべきでないのにもかかわらず，被告は誤ってこれを行ったものである。）。

⒀　上記のとおりミスの数も結果として膨大である上，原告の顧問税理士らによる被告に対する記帳方法の丁寧な指導を経ても被告は一向に記帳方法を改善しようとしなかったものである。このように，被告がその経理事務において果たさなければならなかった労働債務の程度は，自身の先行行為によって結果債務に近い程度まで引き上げられていたにもかかわらず，一方で同人が犯した経理ミスはあまりに根本的かつ重大なものであったのであり，これが同人の労働債務の債務不履行を構成することは明らかである。

⒁　また，被告が上記経理ミスを犯したのは平成19年度分の決算が次の月（平成20年3月）に押し迫った平成20年2月までの時期であり，被告が経理事務の任

— 128 —

に全く耐えないという状況であれば，原告が他の経理事務職員の退職時期を引き延ばしてこれを代わりに行わせたり，あるいは緊急避難的に顧問税理士に外注に出すという対応も，企業経営上はいまだ常識的な対応の範疇ということができ，経理事務職員の退職時期引き延ばしや顧問税理士への外注に要した費用が「通常生ずべき損害」（民法416条）に該当することは明らかである。

⒂　原告は，報償責任の原理の概念それ自体を否定するものではない。また，被告主張にかかる各判例の存在についてもこれを否定するものではない。ただし，前述のとおり，⑴被告が原告に入社前，豊富な経理能力と豊富な経理事務の経験があることを原告に対して殊更に強くアピールしていたこと，⑵原告も被告の言を信じ，被告に豊富な経理能力と豊富な経理事務の経験があるものと信頼し，経理事務職員に採用した経緯があること，⑶被告の経理ミスの内容は，本来計上すべきでない前受金を計上してしまうという経理実務上極めて根本的かつ重大なミスであったこと，⑷そのミスの数も膨大な量にわたること，⑸さらには原告の顧問税理士らが被告に対して記帳方法を丁寧に指導した後も，被告はなお記帳方法を改善しようとしなかったこと，また，以上の事実に加え，⑹本件においては保険に加入する等の方法で原告の損害を軽減する方法はなかったこと，⑺平成19年12月17日の原告の入社から平成20年2月21日の懲戒解雇処分までの間，被告の原告在職期間はほんの2か月間にとどまり，その間被告が原告の利益に貢献した事実はほとんどないこと，⑻その2カ月間ですら，被告は上記のような多数の経理ミスを繰り返すばかりであり，在職期間中，原告の損害を拡大させることしか行っていないことなど，被告の責任を限定すべき事情は全く存在しない。

第5　当裁判所の判断

1　証拠（甲第1号証ないし第23号証，乙第1号証及び第2号証，証人K，被告本人）及び弁論の全趣旨によれば，以下の事実が認められる。

争点について

⑴　証人Kの証言によれば，同人は，原告の顧問税理士であると同時に，原告の代表者が外国人で，日本語に明るくないため，原告の経理担当者に関しては，実質的に人事権を掌握していると述べ，その関係で，今回のDの高齢による退職に伴う後任の経理担当者の採用面接についても，証人Kが実質的な面接をし，被告の人と経歴を判断し，社長に平成19年12月7日に面接をさせ，同月17日に採用した。

⑵　その際，証人Kは，被告が原告に採用される際，自身の経理事務の十分な経験と能力を原告に対して自ら積極的にアピールしていたことから（甲第1号証及び第2号証），被告がDが辞めた後も即戦力となることを信頼し，原告としても被告

が経理事務の十分な経験と能力を保持することを前提として同人を採用したと述べる。また，その時点では被告自身，原告の経理担当者として，期待に応えたい旨述べたことが認められる。

⑶　しかしながら，証人Kは原告会社の経理業務には多くの種類があるが，被告には最初，基礎的な作業である売掛金と前受金の補助簿の作成から入ってもらった。原告会社の事業は海外取引が中心であるから，その点で慣れる必要があるが，経理経験者にとっては仕事の理解は難しくない。そのため，当初10日間程度でDからの業務引継を終えてDに退職してもらうつもりだったと述べる。

⑷　しかしながら，被告の供述によれば，被告は面接時，面接担当責任者であった証人Kからは，被告の業務内容は売掛金の帳簿を作成する簡単な仕事であると聞いていたが，実際にやってみると，原告会社の海外取引の経理事務での「前受金」の内容が被告にはまったく分からず，Dの言っていたとおり処理したと述べており，証人Kも，当裁判所で「原告会社での前受金の内容は，経理担当者では分からないかもしれない。原告の代表者である社長にいちいち尋ねてみなければ分からないかもしれない。」と証言する。被告は，例えば甲第9号証の2の取引の補助簿では，921万3636円の売上げからL/Cで決済した594万3135円を差し引いた327万0501円を前受金として処理をした旨述べる。被告としては327万0501円の前受金は現実に存在するものであり，船積計上分であると理解し，それを転記していた旨供述する。

　　被告の供述によれば，Dから乙第1号証について説明を受けたことはなく，Dの作成した帳簿はL/Cしか記載されていなかった，つまり甲第9号証の2の例で言えば，594万3135円しか計上されていなかったので，原告会社から乙第1号証のように全部やり直させられたと述べる。また，被告は前受金の処理についての詳しいやり方はDを始め，誰からも教えてもらっていないと供述しており，従前から原告会社がやっていた原告会社の指示どおりにやったと述べる。

⑸　被告は，甲第9号証の2のような売掛金帳簿を在職中に50枚以上作成したと述べるところ，乙第1号証は，採用されたばかりで，原告会社での海外取引中心の経理経験のない被告自身が被告の独断で作成したものでないことは明らかであるから，Dか，あるいは原告会社の経理担当者が，採用されたばかりで前受金処理の意味すらも分からない被告に対し，そのようなものを前受金として処理するよう指示した者がいる証拠であり，つまり，売上金を，L/Cで決済して回収した残高を，預り金から充当するについて，「前受金」として処理するよう指示していた人物がいたことを推認することができる。この点，証人Kは，被告に面接当初，被告のアピールした経理経験があれば，すぐにできる簡単な作業だと証言するも

のの，上記のような処理は，原告会社での海外取引中心に関する経理処理が「独特」のものであったことが推認できる。

(6) 証人Kは，平成20年2月初旬，被告からようやく補助簿の一部が提出されたのを見て，その内容があり得ない箇所で残高がゼロになっていたり，数字の誤りが非常に多く，補助簿としてはおよそ用をなさないことが分かったことや，被告の書類には数字がどこから出たものか，分からない箇所がいくつもあったなどと証言する一方で，証人Kは，被告を採用した責任者であることを認め，原告の準備書面での主張や，証人Kの陳述書では，証人Kが，被告に対し，本来経理事務の知識のある者に対してはまったく不必要な説明であるはずの補助簿の具体的な記帳方法を，初歩から丁寧に説明した旨述べるものの，当法廷での証人Kの証言では，同人は，自分は原告の顧問税理士であり，立場上，被告に教える立場にもないし，今回も被告の補助簿提出に関してのやり取りは，すべて電話を通してのやり取りのみであり，証人K自身が直接被告本人に面談して具体的に初歩から事務処理の指導をしたことなどない旨証言しており，原告の主張や証人Kの証言は矛盾しているといわざるを得ない。

(7) 原告の主張する本件被告の「ミス」なるものは，原告は一貫して被告が本来前受金処理をすべき取引が存在しないにもかかわらず，「前受金処理」を行ったことを経理事務上極めて根本的かつ重大なミスであり，そのミスの数も膨大な数であると指摘しているが，それらが被告自身の独断で行ったものではないことは，上記認定のとおりであり，その理由は不明であるものの，被告が原告会社の指示で行ったことが容易に認められる。

　他方，本件では被告に補助簿記載に関して数字記載のミス及び計算ミスなどは複数認められるのものの，それらは報償責任の原則から言っても，直ちに被告の結果債務としての債務不履行であるとまでは言えず，ましてや，上記認定したとおり，被告が補助簿に本来行うべきでない「前受金処理」をしたことが，原告会社での経理実務上，極めて根本的かつ重大なミス，すなわち結果債務としての債務不履行であるとは断定できない。さらには原告の主張では，原告の顧問税理士である証人Kが，被告に対して記帳方法を初歩から丁寧に指導した旨主張するが，証人Kの証言によれば，電話のやりとりだけで，その事実はないこと，そして指導後も被告はなお記帳方法を改善しようとしなかったこと，被告が経理職員として本来備えるべき必要最低限の経理能力すら欠いていることを露呈するものであったなどと断定することはできない。この認定に反する原告の主張は理由がない。

(8) 仮に，たとえ被告自身が，高い経理能力と豊富な経理事務の経験とを備えてい

第3章　解雇予告手当金および労働基準法114条の付加金支払請求事件

ることを履歴書（甲第1号証）及び職務経歴書（甲第2号証）で強くアピールした結果，原告が被告のアピールを受けて同人が高い経理能力と豊富な経理事務の経験とを備えていると信頼したとしても，証人K自身，原告会社の事業は海外取引が中心であるから，その点で慣れる必要があると述べており，被告も原告会社に採用される以前の会社では，乙第1号証や乙第2号証（前月及び当月の残高欄に残高を記載する。）のようなやり方は全くやったことがないと供述しているところから，証人Kは，単に原告の顧問税理士の立場であるだけでなく，原告の経理担当者の実質的人事管理担当者として，原告から経理担当者の採用，指導責任者を任されていたと解するのが相当であるから，Dが採用後の被告に対し，どのような引継ぎ事項をしていたのか，被告を採用した12月17日以後の早い段階で仔細に事務内容を把握しておく責任があったと解するのが相当である。

　また，証人K自身，原告会社での前受金の中身が分かりにくいものであったと証言しているのであるから，原告の海外取引中心の経理事務の経験がまったくない試用期間中（甲第7号証）の被告に対し，Dや他の経理担当職員に対し，より細かなOJTを施させるなど，人事管理者としての指導監督責任が厳しく問われるべきであると解されるところ，被告からの補助簿の提出が遅いからといって，提出のあった2月初旬まで，いたずらに手をこまねいて待っていたなどという態度は，人事管理責任者としてその責任を放棄したあるまじき行為であるといわざるを得ない。

⑼　そうすると，被告の補助簿提出が遅れ，なおかつ作成した帳簿が原告会社での経理実務上，極めて根本的かつ重大なミスがあり，結果的に原告の経理事務が3か月も止まってしまい，更に，被告による経理処理の訂正に追われ，決算業務が大幅に遅れた原因は，被告の債務不履行に原因があるのではなく，試用期間中である被告に対する証人Kの指導不足の監督責任にあると解すべきであり，ひいては，証人Kを，原告の経理担当者の人事管理責任者に処遇した原告会社自身の監督責任にあると解するのが相当であり，被告の原告に対する上記アピールという先行行為により，被告がこと経理事務において果たさなければならない労働債務の程度が，信義則上一般の手段債務に要求される程度を上回り，それはほぼ結果債務に近いところまで引き上げられていたという原告の主張は失当であるといわざるを得ない。

⑽　したがって，本件原告の受けた損害なるものは，試用期間中である被告に対する証人Kの指導不足という監督責任の不履行にあると解すべきであり，ひいては，証人Kを原告の経理担当者の人事管理責任者に処遇した原告会社自身の監督責任の不履行によって生じた特別損害と解するのが相当であり，原告がDの退職時期

— 132 —

を引き延ばしてこれを代わりに行わせたことによって要した費用や，緊急避難的に原告の顧問税理士である証人Kに外注に出すことによって要した費用が「通常生ずべき損害」（民法416条）に該当するとは言えない。

⑾　なお，被告は，業務成績不良等の理由で原告から平成20年2月21日付けで懲戒解雇されているところ，証人Kの証言によれば，原告会社の社員は外国人を中心に30数名，日本人の経理担当者が6名程度いるところ，原告会社には就業規則はないと述べるが，労働基準法89条では，常時10人以上の労働者を使用する使用者は，就業規則を置かなければならないと定められており，就業規則がなければ懲戒解雇などできないはずであるのに，証人Kは，そのことを知らず，自らが本件懲戒解雇通知書（甲第7号証）を作成したと証言する。そうすると，本件懲戒解雇は法律を知らない者が作った無効な懲戒解雇に過ぎず，原告自らの監督義務を放棄し，試用期間中の社員の社員教育も怠り，一方的に懲戒解雇した不当な解雇であるというべきである。

2　以上の事実をもとに総合的に判断すると，被告には結果債務としての債務不履行はなく，原告の請求は理由がない。

　　　　よって，主文のとおり判決する。

相模原簡易裁判所

裁判官　岡﨑昌吾

裁判例 22

休業損害等，請求の一部が認められた簡裁裁判例
　立川簡判平30・2・8公刊物未登載

判決要旨

　原告と被告間は，請負契約ではなく，雇用契約であり，原告（労働者）自身の意思による依願退職ではなく，被告（使用者）の一方的な解雇の告知は，解雇の効力を生じないとして，原告の休業損害請求および被告の暴力による精神的慰謝料請求の一部を認容した。

判　決

立川簡易裁判所　平成30年2月8日判決言渡
平成29年㈑第835号　損害賠償請求事件

判　　　　　決

第3章　解雇予告手当金および労働基準法114条の付加金支払請求事件

主　　　文

1　被告は，原告に対し，52万2471円を支払え。

2　原告のその余の請求を棄却する。

3　訴訟費用は，これを5分し，その3を原告の負担とし，その余を被告の負担とする。

4　この判決は，第1項に限り，仮に執行することができる。

事実及び理由

第1　請求

　　被告は，原告に対し，金110万0767円を支払え。

第2　事案の概要

　　本件は，原告が，被告から雇傭され，K市の元請けであるS建築現場で一緒に働いていたところ，被告から突然暴力を振るわれ，原告は一時的に意識を喪失し，K市のM病院へ救急搬送され，頭部打撲等の傷害を負ったため，長期の通院を余儀なくされたことと，傷害のため，休業等を余儀なくされたとして，治療費及び休業損害，精神的慰謝料を民法709条の不法行為に基づく損害賠償として110万0767円の支払を求めるものである。

第3　請求原因の要旨

　1　暴行事件の発生

　　ア　発生日時　平成29年8月26日午後0時20分ころ

　　イ　発生場所　埼玉県K市内S建築現場（以下「本件事件現場」という。）

　　ウ　事件態様　事案の概要のとおり

　2　責任原因

　　　被告は，原告に対し，本件事件現場で，不意打ちに一方的に手拳で原告の右頭部右側のこめかみ付近を強く殴打したため，原告は，その場に倒れ，一時的に意識を喪失し，K市のM病院へ救急搬送され，頭部打撲等の傷害を負った（以下「本件事件」という。）。被告の暴行により，その後も原告は頭痛・ふらつき・右手の痺れ感等が残ったので，東大和病院での通院加療を余儀なくされ，仕事に出ることができなかった。しかも精神的ショックにより，毎日，夜も眠れず，食事も喉を通らず，日常生活もままならない苦痛を被った。被告は，原告に対し，治療費等をまったく支払わないので，本件事件について，被告は，原告に対し，民法709条に基づき次の損害賠償責任を負う。

　3　損害

　　原告　損害合計110万0767円

　　　　　内訳　治療費（甲第2号証ないし第11号証）　11万5089円

— 134 —

通院交通費	7678 円	
休業損害	①	1 万 3000 円 × 26 日 ＝ 33 万 8000 円
	②	2 万円 × 2 日 ＝ 4 万円
精神的慰謝料	60 万円	

第 3　当事者間に争いのない事実及び証拠によって容易に認めることができる事実

1　原告と被告は，平成 29 年 8 月 26 日午後 0 時 20 分ころ，本件事件現場にいた。

2　原告は，被告から日当 1 万 3000 円をもらっていた。

3　被告は，本件事件現場で，原告の頭部に対し，一発手拳で殴打し，原告は一時的に意識を失い，K 市内の M 病院へ救急車で搬送された。その後，原告は，H 病院で通院加療した。

4　原告は，被告からの暴力により，合計 11 万 5089 円の治療費を要した。

第 4　争点

1　原告と被告間は，雇用契約であるか，請負契約であるか。

2　原告の休業損害は認めることができるか（被告は，原告から解雇されたか）。

3　原告の損害の程度について

第 5　当裁判所の判断

1　証拠（甲第 1 号証ないし第 12 号証，原告本人，被告本人）及び弁論の全趣旨によれば，以下の事実が認められる。

争点 1 について

⑴　被告は，原告は一人親方であり，被告とは雇傭契約ではなく，被告からの請負契約である旨主張する。

⑵　しかしながら，請負契約であるというためには，原告が勤務時間に拘束されず，被告からの管理監督を受けない自由な業務形態であることが必要であるところ，原告は，朝の出勤時間が午前 8 時であったこと，終業時間も午後 5 時と決められており，被告の管理監督の下，すなわち常に被告の指揮命令下に置かれており，自己の判断で自由に現場を離れることはできなかったこと，仕事場（サイディングボード建築現場）での作業機械も，メジャー等の小さな道具以外の主な大きな機械（釘打ち機）等はすべて被告から提供を受けていたこと，日当 1 万 3000 円で，月極で日給月給としてもらっていたことを被告も認めていることからすれば，原告と被告との間には請負契約ではなく，口頭ではあるが，雇傭契約が結ばれていることを認めることができる。この認定に反する被告の主張は採用しない。

争点 2 について

　被告は，原告が本件事件の前日の夜になって突然スマートホンのライン（以下「ライン」という。）で本件事件当日の午後休むと言ったので，被告は翌日無断欠

勤されることを恐れ，返事を返さなかったところ，当日になって原告が午後休むと言ったので，これを拒否したが，原告が反抗する姿勢を示したので，「もう明日から出てこなくていい。」と言ったところ，原告が分かったと言ったので，本件事件当日，被告は原告を解雇すると言ったところ，原告は同意したので，原告は被告との間では何の関係もなくなっており，休業損害は発生する余地はない旨述べる。

　しかしながら，その時点で，原告は被告に対し，仕事を辞めると言ったことは認めることができない。仮に，被告が原告を本当に解雇する気があるのなら，退職願いを出させるとか，後日，再度原告の意思確認をすることが相当であるところ，被告は，原告に対し「もう来なくてもいい。」と言ったのみで，原告は自主退職の意思表示をしたことを認めるに足りる証拠はない。そうすると，本件事件以後も，原告は被告との間では雇傭契約が継続されていると解するのが相当であり，原告は被告に対し，休業損害を主張できると解するのが相当である。

争点3について

⑴　被告は，原告に対し本件事件当日の午後から休むことを了承しなかったことから，原告が反抗的な態度を示し，被告の顔面間近に迫ってくるような威嚇的な態度を示したため，何をされるか分からないという恐怖感に襲われ，被告の右手拳で，原告の右頭部こめかみ付近を1回殴打した（被告は，原告の左こめかみ部分と述べているが，右こめかみ部分と認める）。

　その殴打により，原告は，その場に倒れ込み，一時的に意識を失い，被告の呼びかけにも応じなかった。被告は，武道やボクシング等の経験はないというものの，一時的にせよ原告が意識を失うくらいであるから，原告に対し強烈なパンチを浴びせたことが推認できる。

⑵　それにより，原告は，その後も頭痛，ふらつき，右手の痺れ感が残り，治療継続を必要としたほか，被告に殴られた精神的ショックにより，毎日，夜も眠れず，食事も喉を通らず，日常生活もままならない著しい精神的苦痛を被ったことが推認できる。被告は，無防備な原告に対し，一方的に暴力を振るったことが認められ，被告には酌量の余地はまったくない。

　したがって，被告は，原告に対し，治療費11万5089円を支払う義務があるほか（争いがない。），26日間仕事に出ることができなかったことが認められ，休業損害として33万8000円（1万3000円×26日）を支払う義務を認めるのが相当である。しかし，その他の休業損害4万円は，原告は，裁判所に出廷することに伴う費用と主張するので，これは訴訟費用に該当し，認めることができない。通院交通費7678円は，証拠がないので認めることができない。精神的慰謝料は，本

件で，原告を慰謝するのに相当な額は 20 万円を下ることはないと解するのが相当である。

(3) そうすると，本件事件で原告に生じた損害額は，合計 65 万 3089 円を認めるのが相当である。しかしながら，原告にも被告の元で仕事を休むときは，少なくとも 2 週間前から届けるルールがあったところ，原告はラインで直前になって被告に対し休暇申請を出すことが度々あったこと，原告が休暇を希望した日の午後が，被告の仕事の納期日であり，急に休みたいと言われても被告も代替措置を執ることが困難であったことなど，被告の主張する事情にも一定の合理的理由があることを認めることができるから，休みの希望を早めに言わず，その前日の夜にラインのみで申請した原告の一方的な自己中心的な行為も本件暴行事件の誘因になったこと，被告から休むことを断られて被告に対し，原告が激高し，原告の顔を被告の顔面間近に寄せ，威嚇的な反抗態度に出たことなどを考慮すれば，原告にも 2 割の過失があると評価するのが相当であると解する。したがって，原告の損害額は，52 万 2471 円を下るものではないと解するのが相当である。

2　以上の事実をもとに総合的に判断すると，その余の判断をするまでもなく被告には不法行為責任が認められるから，原告の請求は，主文第 1 項の限度で理由があるが，その余は理由がない。

よって，主文のとおり判決する。

立川簡易裁判所

裁判官　岡﨑昌吾

第4章　働き方改革関連法の成立と最高裁裁判例

第4章　働き方改革関連法の成立と最高裁裁判例

第1　働き方改革関連法の成立

1　働き方改革関連法（改正労基法関係）

平成30年7月6日に公布された「働き方改革を推進するための関係法律の整備に関する法律」（働き方改革法）において，8つの法律について主要な改正が行われた。

本書では，改正労基法関係の事項についてのみ紹介する。

(1)　36（サブロク）協定で定める時間外労働の原則的な延長時間の限度（限度時間）の法定化

＜現行労基法＞

限度に関する基準告示では，時間外労働の限度に関する基準（平成10年労働省告示154号，限度基準告示）により限度時間（1か月45時間1年360時間など）を規定

＜改正労基法＞

原則的な限度時間　1か月45時間　1年360時間の法定化

平成31年4月1日施行，中小企業については2020年4月1日施行

(2)　特別条項付き36協定の上限規制が法定化

＜現行労基法＞

限度に関する基準告示では，限度基準告示では特別条項付き36協定の上限時間制限を規定（ただし，1月単位の限度時間は1年で6か月以内の規制があった。）

＜改正労基法＞

ア　時間外労働時間と休日労働時間の合計時間による上限時間の法定化

月100時間未満，2月ないし6月平均80時間以内に限定

これは，36協定の範囲内で働く場合の実労働時間の上限時間でもある。

平成31年4月1日施行，中小企業については2020年4月1日施行

イ　特別条項に基づく時間外労働の延長時間の上限時間が法定化

特別条項に基づく延長時間の上限時間を1年720時間，1月単位の限度時間超は1年で6か月以内とすることが定められた。

2　上限規制の適用除外者及び適用猶予者

改正労基法では，次の事業等について適用除外又は適用猶予を規定

— 138 —

(1)　適用除外者

新技術・新商品・新役務の研究開発業務従事者

平成31年4月1日施行

(2)　適用猶予者

ア　建設事業者

（2024年3月31日までの間，ただし，災害時における復旧・復興事業については，月100時間未満，2月ないし6月平均80時間以下の上限は適用がない。）

イ　自動車運転者

（2023年3月31日までの間，2024年4月1日から1年960時間が上限である。）

ウ　医業に従事する医師の業務

（2023年3月31日まで，2024年4月1日から上限規制を適用する。）

3　中小企業にける時間外労働に係る割増賃金率の猶予措置の廃止

＜現行労基法＞

猶予措置として中小企業の割増賃金率を25％（大企業は50％以上）

＜改正労基法＞

中小企業の猶予措置が2023年3月31日まで，その後，月60時間超えの時間外労働に係る割増賃金率を50％以上に引き上げ

4　年次有給休暇の確実な取得

＜現行労基法＞

使用者の時季指定に係る義務規定はない。

＜改正労基法＞

使用者の時季指定による1年間のうち，5日の年次有給休暇の付与を平成31年4月1日から義務化

5　フレックスタイム制の精算期間の延長

＜現行労基法＞

精算期間は1か月以内

＜改正労基法＞

労使協定の締結等を条件に精算期間を平成31年4月1日から3か月まで延長できるようにすることにより，精算期間中の労働時間の調整の幅を拡大

第4章　働き方改革関連法の成立と最高裁裁判例

第2　最高裁労働判例2件（平成30年6月1日言渡）

　　　労働契約法が平成24年8月10日に施行されて以降，同法20条をめぐる多くの下級審判決が出され，同条の判断枠組みの解釈の対立があったものの，次に紹介する2つの最高裁裁判例により，契約社員と定年後再雇用社員の賃金について，重要な判決を下した。今回は，あくまで事例判決ではあるが，これまでの解釈の対立の多くが解決したものと解されるので，事案の概要と2つの判例の判示事項及び判決要旨を紹介する。

裁判例23

未払賃金等支払請求上告事件，ハマキョウレックス事件

　最二小判平30・6・1，裁判所時報1701号1頁，労判第1179号20頁

事案の概要

　従業員が4500人余りの運送会社にトラック運転手として平成20年から半年契約で勤務し，契約を更新していた原告が，平成25年に，勤務内容が正社員と同一なのに各手当の支給がないのは，労契法20条違反であるとして，正社員と同様の地位の確認や差額賃金の支払いを求めた事例

　最高裁は，原告と正社員とは，「職務内容」は同じでも「人材活用の仕組み」が異なるとした上で（この点は地裁，高裁も同判断），各手当についての相違を，手当毎にその目的や実態を見極め，原告と正社員との労働条件の相違に応じた待遇の差別として不合理か否かを判断し，住宅手当以外の差別は不合理と認定し，差額の支払いを不法行為による損害賠償として肯定した。

判示事項

　1　労契法20条は，有期契約労働者と無期契約労働者との間で労働条件に相違があり得ることを前提に，職務の内容，当該職務の内容および配置の変更の範囲その他の事情を考慮して，その相違が不合理と認められるものであってはならないとするものであり，職務の内容等の違いに応じた均衡のとれた処遇を求める規定であるとされた例

　2　労契法20条の規定は私法上の効力を有し，有期労働契約のうち同条に違反する労働条件の相違を設ける部分は無効となるものと解されるとした二審判断が維持

― 140 ―

された例

3　有期契約労働者と無期契約労働者との労働条件の相違が労契法 20 条に違反する場合であっても，同条の効力により当該有期契約労働者の労働条件が比較の対象である無期契約労働者の労働条件と同一のものとなるものではないと解するのが相当であるとした二審判断が維持された例

4　労契法 20 条にいう「期間の定めがあることにより」とは，有期契約労働者と無期契約労働者との労働条件の相違が期間の定めの有無に関連して生じたものであることをいうものと解するのが相当であるとされた例

5　労契法 20 条の「不合理と認められるもの」とは，有期契約労働者と無期契約労働者との労働条件の相違が不合理であると評価することができるものであることをいうとされた例

6　有期契約労働者と無期契約労働者との労働条件の相違が不合理であるか否かの判断は規範的評価を伴うものであるから，当該相違が不合理であるとの評価を基礎付ける事実については当該相違が労契法 20 条に違反することを主張する者が，当該相違が不合理であるとの評価を妨げる事実については当該相違が同条に違反することを争う者が，それぞれ主張立証責任を負うものとされた例

7　上告人・附帯被上告人（二審被控訴人兼控訴人・一審被告）Y 社の乗務員のうち無期契約労働者に対して皆勤手当を支給する一方で有期契約労働者に対してこれを支給しないという労働条件の相違は，労契法 20 条にいう不合理と認められるものに当たるとして，二審判決を破棄し差し戻された例

8　Y 社が，契約社員と正社員とで無事故手当，作業手当，給食手当および通勤手当について相違を設けていることは不法行為に当たるとし，住宅手当にかかる相違は不合理と認められるものに当たらないとした二審判断が維持された例

裁判要旨

1　有期契約労働者と無期契約労働者との労働条件の相違が労働契約法 20 条に違反する場合であっても，同条の効力により当該有期契約労働者の労働条件が比較の対象である無期契約労働者の労働条件と同一のものとなるものではない。

2　労働契約法 20 条にいう「期間の定めがあることにより」とは，有期契約労働者と無期契約労働者との労働条件の相違が期間の定めの有無に関連して生じたものであることをいう。

3　労働契約法 20 条にいう「不合理と認められるもの」とは，有期契約労働者と無期契約労働者との労働条件の相違が不合理であると評価することができるものであること

をいう。

4　乗務員のうち無期契約労働者に対して皆勤手当を支給する一方で，有期契約労働者に対してこれを支給しないという労働条件の相違は，次の⑴～⑶など判示の事情の下においては，労働契約法20条にいう不合理と認められるものに当たる。

⑴　上記皆勤手当は，出勤する乗務員を確保する必要があることから，皆勤を奨励する趣旨で支給されるものである。

⑵　乗務員については，有期契約労働者と無期契約労働者の職務の内容が異ならない。

⑶　就業規則等において，有期契約労働者は会社の業績と本人の勤務成績を考慮して昇給することがあるが，昇給しないことが原則であるとされている上，皆勤の事実を考慮して昇給が行われたとの事情もうかがわれない。

「各手当を最高裁が認めた一覧表」

手当	正社員	契約社員	地裁	高裁	最高裁
無事故	1万円	なし	棄却	認容	認容
特殊勤務	1万～2万円	1万円	棄却	認容	認容
給食	3500円	なし	棄却	認容	認容
住宅	5000～2万円	なし	棄却	棄却	棄却
皆勤	1万円	なし	棄却	棄却	認容
通勤	距離に応じ	3000円程度	認容	認容	認容
家族	あり	なし	棄却	対象とせず	同
賞与	原則あり	原則なし	棄却	対象とせず	同
退職金	原則あり	原則なし	棄却	対象とせず	同

裁判例 24

地位確認等請求事件，長澤運輸事件

　　最小二判平30・6・1，裁判所時報1701号5頁，労判第1179号34頁

事案の概要

　　従業員が70人余りの運送会社に定年（60歳）まで運転手として勤務し，その後，65歳までの予定で期間6か月ないし1年の有期嘱託再雇用された原告1ないし3が，平定年前と同じ仕事をしているのに賃金総額が79％まで減額しているのは，労契法20条違反であるとして，正社員と同様の地位の確認や差額賃金の支払いを求めたものである。

　　最高裁は，定年後再雇用という事実が，労契法20条が待遇差別の考慮要素と認める

「その他の事情」に該当する場合があることを肯定したものの，各賃金項目についての待遇差の不合理性を当該定年後再雇用という事実との関係において個別に判断する必要があるとして，結論として，精勤手当の差別は不合理として差額の支払いを不法行為に基づく損害賠償として認め，また，精勤手当を時間外手当の算定基礎に含めないことも同条に違反するとして，残業手当の再計算を命じた。本件最高裁判決は，「その他の事情」による待遇差別の必要性について使用者側に一定の経営裁量権を認め，本件における基本給や賞与についての待遇差別は，不合理なものとまでは言えないとした。

判示事項

1　有期契約労働者が定年退職後に再雇用された者であることは，労契法20条にいう「その他の事情」として考慮されることとなる事情に当たると判断された例

2　有期契約労働者と無期契約労働者との個々の賃金項目にかかる労働条件の相違が不合理と認められるものであるか否かを判断するに当たっては，両者の賃金の総額を比較することのみによるのではなく，当該賃金項目の趣旨を個別に考慮すべきものと解するのが相当であるとされた例

3　無期契約労働者に対して能率給および職務給を支給する一方で有期契約労働者に対して能率給および職務給を支給せずに歩合給を支給するという労働条件の相違が，労契法20条にいう不合理と認められるものに当たらないとした二審判断が維持された例

4　正社員に対して精勤手当を支給する一方で，嘱託乗務員に対してこれを支給しないという労働条件の相違は，不合理であると評価することができるものであるから，労契法20条にいう不合理と認められるものに当たると解するのが相当であるとして，この点に関する二審判決を破棄し，上告人（二審被控訴人・一審原告）Xらの予備的請求を一部認容した例

5　有期契約労働者と無期契約労働者との労働条件の相違が労契法20条に違反する場合であっても，同条の効力により，当該有期契約労働者の労働条件が比較の対象である無期契約労働者の労働条件と同一のものとなるものではないと解するのが相当であるとして，Xらの主位的請求が退けられた例

6　正社員の超勤手当の計算の基礎に精勤手当が含まれるにもかかわらず，嘱託乗務員の時間外手当の計算の基礎には精勤手当が含まれないという労働条件の相違は，不合理であると評価することができるものであるから，労契法20条にいう不合理と認められるものに当たると解するのが相当であるとして，超勤手当（時間外手当）にかかるXらの予備的請求については二審判決を破棄し，Xらの時間外

第4章　働き方改革関連法の成立と最高裁裁判例

> 手当の計算の基礎に精勤手当が含まれなかったことによる損害の有無および額につき，さらに審理を尽くさせるため，高裁に差し戻された例

裁判要旨

1　有期契約労働者が定年退職後に再雇用された者であることは，当該有期契約労働者と無期契約労働者との労働条件の相違が不合理と認められるものであるか否かの判断において，労働契約法20条にいう「その他の事情」として考慮されることとなる事情に当たる。

2　有期契約労働者と無期契約労働者との個々の賃金項目に係る労働条件の相違が労働契約法20条にいう不合理と認められるものに当たるか否かを判断するに当たっては，両者の賃金の総額を比較することのみによるのではなく，当該賃金項目の趣旨を個別に考慮すべきである。

3　乗務員である無期契約労働者に対して能率給及び職務給を支給する一方で，定年退職後に再雇用された乗務員である有期契約労働者に対して能率給及び職務給を支給せずに歩合給を支給するという労働条件の相違は，両者の職務の内容並びに当該職務の内容及び配置の変更の範囲が同一である場合であっても，次の(1)〜(6)など判示の事情の下においては，労働契約法20条にいう不合理と認められるものに当たらない。

⑴　有期契約労働者に支給される基本賃金の額は，当該有期契約労働者の定年退職時における基本給の額を上回っている。

⑵　有期契約労働者に支給される歩合給及び無期契約労働者に支給される能率給の額は，いずれもその乗務するバラセメントタンク車の種類に応じた係数を月稼働額に乗ずる方法によって計算するものとされ，歩合給に係る係数は，能率給に係る係数の約2倍から約3倍に設定されている。

⑶　団体交渉を経て，有期契約労働者の基本賃金が増額され，歩合給に係る係数の一部が有期契約労働者に有利に変更されている。

⑷　有期契約労働者の賃金体系は，乗務するバラセメントタンク車の種類に応じて額が定められる職務給を支給しない代わりに，前記⑴により収入の安定に配慮するとともに，前記⑵により労務の成果が賃金に反映されやすくなるように工夫されたものである。

⑸　有期契約労働者に支給された基本賃金及び歩合給を合計した金額並びに当該有期契約労働者の賃金に関する労働条件が無期契約労働者と同じであるとした場合に支払われることとなる基本給，能率給及び職務給を合計した金額を計算すると，前者の金額は後者の金額より少ないが，その差は約2%から約12%にとどまる。

第 2　最高裁労働判例 2 件（平成 30 年 6 月 1 日言渡）

⑹　有期契約労働者は，一定の要件を満たせば老齢厚生年金の支給を受けることができる上，その報酬比例部分の支給が開始されるまでの間，調整給の支給を受けることができる。

参考文献（本文中掲記の参考文献 他）

簡易裁判所　民事調停の実務（林隆峰編，日本加除出版）

類型別労働関係訴訟の実務（佐々木宗啓他，青林書院）

労働事件事実認定重要判決 50 選（須藤典明・清水響編，立花書房）

労働概説〈第 3 版〉（土屋道夫，弘文堂）

労働契約法〈第 2 版〉（土屋道夫，有斐閣）

新基本法コンメンタール労働基準法・労働契約法（西谷他編，日本評論社）

雇用関係者第 3 版（山川隆一，新世社）

改訂新版労働基準法（下）（厚生労働省労働基準局，労務行政）

新・労働法実務相談（第 2 版）（労務行政研究所編）

職場のトラブル解決の手引き—個別労働関係判例集（野川忍監修，労働政策研究
研修機構他編）

岡　﨑　昌　吾

経　　歴

　昭和 27 年生まれ，島根大学文理学部（現法文学部）法学科卒業，平成 12 年 8 月，広島簡易裁判所判事，平成 13 年 3 月，西郷簡易裁判所判事，平成 15 年 3 月，東京簡易裁判所判事，平成 18 年 3 月，立川簡易裁判所判事，平成 21 年 3 月，相模原簡易裁判所判事，平成 24 年 4 月，佐倉簡易裁判所判事，平成 26 年 8 月，東京簡易裁判所判事，平成 29 年 9 月，立川簡易裁判所判事，現在に至る。

著　　書

- 「判例簡裁民事訴訟の実務」平成 20 年 5 月（民事法研究会）
- 「判例をよむ簡裁損害賠償請求訴訟の実務―交通事故を除く―」平成 25 年 2 月（司法協会）
- 「簡裁民事訴訟の判例と実務」平成 25 年 10 月（民事法研究会）
- 「判例をよむ消費者契約法関連訴訟の実務・設例 Q & A―消費者契約法と特定商取引に関する法律を中心にして―」平成 25 年 10 月（司法協会）
- 「判例をよむ簡裁交通事故損害賠償訴訟の実務―物損事故を中心として―」平成 27 年 6 月（司法協会）

主要論文

- 「民事調停を活用した近隣紛争の上手な対処方法についての考察」平成 28 年 12 月「市民と法」第 102 号（民事法研究会）
- 「民事調停機能強化の一環としての 17 条決定の積極的活用に関する考察」平成 27 年 12 月，平成 28 年 2 月「市民と法」第 95 号，同 96 号（民事法研究会）
- 「相模原簡易裁判所における債務整理の現在」平成 22 年 8 月「市民と法」第 64 号（民事法研究会）
- 「不動産の賃借権の仮差押及び差押の執行をめぐる実務上の諸問題についての研究」全国裁判所書記官協議会全国会報 102 号
- 「刑事事件における適正な書記官事務処理のための留意事項」全国裁判所書記官協議会会報しまね 15 号
- 「被告人の勾引をめぐる実務上の諸問題について」全国裁判所書記官協議会会報しまね 16 号
- 「刑事事件における書記官事務処理メモ――事件記録作成事務を中心として――」全国裁判所書記官協議会会報ひろしま 37 号
- 「審理充実事務（民事）に関する書記官事務の活性化に関する一考察」全国裁判所書記官協議会会報ひろしま 38 号
- 「民事実務（審理充実）研究会参加報告書」全国裁判所書記官協議会会報ひろしま 39 号
- 「支払命令の発付権限を裁判所書記官に移譲することについての提言」（共著）全国裁判所書記官協議会全国会報 130 号

判例をよむ個別労働関係訴訟の実務
―賃金，時間外手当，解雇予告手当請求を中心として―

平成31年1月　第1刷発行

著　　　者　　岡﨑昌吾
発　行　人　　境　敏博
発　行　所　　一般財団法人　司法協会
　　　　　　　〒104-0045　東京都中央区築地1-4-5
　　　　　　　第37興和ビル7階
　　　　　　　出版事業部
　　　　　　　電話　(03)5148-6529
　　　　　　　FAX (03)5148-6531
　　　　　　　http://www.jaj.or.jp

落丁・乱丁はお取り替えいたします。　　印刷製本／モリモト印刷㈱
ISBN978-4-906929-77-1　C3032　￥1950E